反目する日本人と韓国人

両民族が共生できない深いワケ

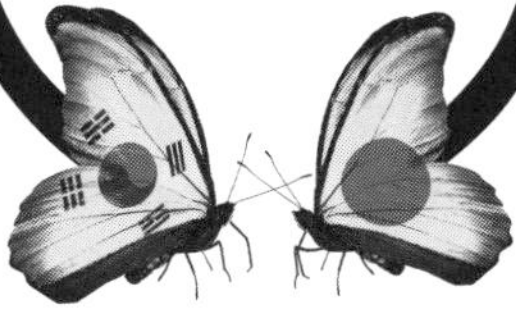

呉 善花
Oh Sonfa

ビジネス社

まえがき

日本は韓国と同じ儒教文化圏にあるといわれますが、日本の社会は儒教だけではとうてい説明できない社会です。

日本をよく知らない韓国人は、日本語には敬語があり、日本人は礼儀正しいという点で、韓国式の儒教的な礼儀作法で付き合っていけば間違いないだろうと思います。そして日本人と付き合いたいと思えば、丁寧に精一杯礼儀を尽くしていこうとします。

ところが、そうしていけばいくほど、多くの場合、神経を逆なでされた気持ちになり、「日本人はおかしな人たちだ」という印象になってしまうことがとても多いのです。

たとえば、「世界の言語の中で敬語を使う頻度が最も多いのは日本語と韓国語だ」とよく言われますが、その使い方は正反対なのです。そこで「敬語の使い方がまるで変だ、日本人はおかしな人たちだ」ということにもなってくるのです。

日本人と韓国人は、顔かたちも体格も習慣も、世界のどの民族と比較しても、おそらく最も近い間柄にあると言えるでしょう。少なくとも、違いはあっても大同小異のかなり似た者同士であることは間違いありません。

そういうことから、外国に行けば日本人と韓国人は仲良くなりやすいと言えます。ただいくらかの習慣の違いがあって、それを違いとは気づかずに、互いに「礼儀知らず」とみなしてしまうことが多いものです。そこで、お互いに「おかしな人たち」だという「行き違い」を生みやすく、さまざまなトラブルの原因ともなっています。

さらに韓国には、相手が日本人ならば、ちょっとやそっとは無礼であっても構わないとの通念があります。実際、韓国では日本人に対する無礼なふるまいや侮蔑的な言動が、ごく普通の人々の間での日常的な習慣になっています。

この背景には、日本人に対する古い時代からの伝統的な侮日の意識があります。そのため、ちょっとした習慣の違いが正しく理解されずに「行き違い」を生み、それが拡大して相互理解をさまたげてしまうことが、実際とても多いのです。

しかし私は、このような多くの韓国人の日本観に疑問を感じています。そこで、大勢とは異なる見方、態度を示してきました。普通の韓国人にはおよそ見えていない、日本に特有な「美点」あるいは「美風」に、注目したのです。

私にとって日本人といえば、まず「謙虚」のイメージがやってきます。得意げの自慢、「いかにもそうだ」とばかりの見せ方、そのものズバリの表現などを、はしたないと嫌う人が、日本人の大部分を占めていると感じています。

そういう人たちにとっては、なにげない素振り、無関心・無目的とも見える自律的な態度、それとない装い、遠回しの言い方などが、品格ある好ましいものと感じられています。

こうした、露骨なこと、むき出しなこと、あからさまなことを戒める、日本人全般にみられる心性は、日本に特有な「美風」の一つだと言えるでしょう。

しかしながら、韓国人とのコミュニケーションの現場では、しばしば、率直ではないとか、あいまいだとか、冷たいとか、気取っているとか、さらには何を言いたいのかよくわからないとかの印象につながることが多いです。日本に来たばかりの頃の私も、そのように感じて、大いに悩んだものです。

そこには明らかに、これ見よがしに自分を押し出す態度や姿勢を恥とし、できる限りつつましく身を処そうとする謙虚な心がけが働いています。

そう言うと、あなたは日本人をよく見すぎている、単に他人と衝突して面倒なことになるのが嫌で、それを避けようとしているだけのことだといった反論を、欧米人や韓国人・中国人などから度々受けたことがあります。

日本人自身にもそういう言い方をする人が少なくありません。また、外国に言いたいことをはっきり言わない外交のあり方などは、その典型ではないかとも言われます。そういう面があるのは確かです。

しかし私は、この自己抑制とも見える日本人に特有な心性は、人と人との親和で平穏な関係を生み出していくには、他国の人たちにはあまり見られない大きな利点となっていると思います。

日本人は総じて、おとなしく、やさしく、静かです。もちろん、そうではないときもあるのですが、そうあることがよき人の姿として心に描かれていて、文化の基調ともなっているのが日本であるのは確かなことだと思います。

本書では、以上のような私の日本人観をベースに韓国人との比較を行い、その本質を見出そうと試みました。その結果としてわかったことは、日本人と韓国人が反目し合うワケです。

韓国人の生活習慣や、生き方、ものの考え方には、現代日本人が強く違和感を抱くものがたくさんあります。例えば、韓国人との結婚後の生活について。男尊女卑を地で行く夫婦関係、旦那の母親がやたらと生活に関与、男の子誕生に対する親族の凄いプレッシャー、などなど。

一方で、韓国人が大事にする生き方、ものの考え方、美意識とは正反対に近い、といえるのが、日本人の価値観。韓国人と日本人はどこがどれほど違うのか、なぜ日本人と韓国人はこうも違うのか。反目のワケをかなり突っ込んで、本書で論じていきます。

今のところの日韓は、「行き違って当然」であるような関係となっています。日韓関係のガンとなっているのは、いうまでもなく韓国の反日です。それにしても、なぜこれほど頑迷な反日が韓国に根を下ろしているのでしょうか。

いまだお互いに違いがよく見えていないと思います。そこを明らかにし、違いを知ることで、両者が少しでも歩み寄れるようにしたい。私は心からそう願っています。

なお、本書の原稿は、日韓についての私の発言を収めた動画（呉作成）をベースに作成しました。原稿をまとめるまでに大きなお力添えをいただいたビジネス社編集部の中澤直樹氏に感謝いたします。

呉　善花

令和3年10月

反目する日本人と韓国人

目次

第1章 カルチャーとコミュニケーションの行き違い

第2章　「美」に対する感性の差異

第3章 男と女と、家族の在り方

第4章　韓国独自の歴史観

第1章

カルチャーとコミュニケーションの行き違い

小さな違いが大きな誤解につながっている

私が日本にやってきてから、40年近く経ちました。思えばずいぶん長く住んでいるものです。にもかかわらず、やはり乗り越えられない壁があります。

その1つが日本語の発音です。中でも特に難しいのは、日本語に多く、韓国人にとっては極めて発音しにくい「濁音」です。

「濁音」とは「゛《テンテン》」がついた言葉。例えば、濁音のダ。意識すればダと発音できますが、話に夢中になってくると、ダなのかタなのか、途中で分からなくなってきます。

私はいまだに、日本人が話す単語を書き写すときに、濁音なのか清音なのかを聞いてしまうことがよくあります。「゛《テンテン》がありますか？」など……。まわりには「゛《テンテン》」病患者だとも言われています。

一方で「゛《テンテン》」に気を遣いすぎると、肝心の内容を忘れてしまうので、話をするときは、「タク音なのか濁音なのかわからない発音でお話をさせていただくことにしています。お聞き苦しくなろうかと思いますが、どうか全体の流れの中で、内容をつかんでくださいね」と伝えています。

もう1つ難しいのが、敬語の使い方です。日本と韓国とでは、敬語の使い方が真逆なのです。韓国は徹底した儒教社会ですので、他人よりも自分の身内を立てる言い方をしなければなりません。

例えば、私にとっては、家族、お母さん、お父さんがとても大切。ですから、外から電話がかかってきたときなどは、「うちのお父様におかれましては、今いらっしゃいません」という言い方をします。

来日したばかりのころ、敬語の使い方について、カルチャーショックを受けたことがありました。アルバイトの会社から、とある会社に電話をかけ「鈴木社長様はいらっしゃいますか」と訊ねたところ、相手の女性が「鈴木は席を外しております」と答えました。「鈴木」と呼び捨てなのです。私は、「この鈴木社長は、社員の女性に舐められているに違いない」と思ってしまいました。

それからしばらくして、「日本人は身内のことを外の人に言うとき、敬語を使わない」ということを知り、社長が舐められているわけではない、とわかったのですが……。

こうした違いは、日本と韓国の間にある小さな違いの1つに過ぎません。しかし、こうした小さな違いからくる誤解が、反日感情にまでつながっているということに、私は来日後、数年経ってから気がつきました。

それ以来、日本人にとって、韓国とはどのような国なのかを、小さなところから徹底的に探っていきました。そこを知らなければ、外交、ビジネス、留学、文化活動をいくら行っても、日韓関係をうまく運ぶことはできないと思ったからです。それから三十数年経ちましたが、今なお日韓文化の比較研究を続けています。

異文化の理解については、しばしば「文化の異質性を強調するのはよくない、他文化との共通理解や相互理解への道を開いていく態度が、開放的な国際人の態度だ」と言われます。正論なのかもしれませんが、実際的ではありません。ほとんど現実の役には立ちません。

私はたびたび言ってきたことですが、いかに異質的かという大きな驚き、ほとんど理解し難いと思える強烈な実感――そうした心の衝撃なしには、異文化理解への道が本格的に開かれることはありません。私はまさしくそのようにして日本を理解することができたと思っています。

反日感情はなくならない？

日本と韓国は戦後、ビジネス、文化交流、留学生の行き来など、あらゆる面で幅広く、絶え間なくお付き合いをしてきました。そんな中で、ときには関係が良くなったり、ときには悪化したりを繰り返しています。ちなみに、最近の日韓関係は「最悪」と言えるほど悪い状態になっています。

なぜ韓国には反日感情が強いのでしょうか。一般的には、１９１０年の日韓併合から36年間続いた「日帝統治時代」に、日本にひどいことをされた、という意識が韓国側に根強くあるからだと考えられています。竹島問題、慰安婦問題、そして徴用工問題などが次々と提起されクローズアップされてきました。

韓国人の反日感情や反日民族主義は、日本統治時代の実際的な歴史体験を通して形づくられたものではありません。どのようにして形づくられたのかというと、「日本統治は不正義＝悪」という価値認識に合致するように、史実を都合よく改竄・捏造し、国民的規模の教化・訓育をもって、その歴史を真実と信じ込ませることで形づくられたのです。

そこで最も大きな役割を果たしたのが反日教育です。韓国では戦後の建国以来、絶え間なく反日教育が行われてきました。私が韓国にいた1960～1970年代の朴正熙大統領時代にも、強烈な反日教育が行われていました。だから、私自身も強固な反日感情を持っていました。「日本人の野蛮な行為は許せない」と思っていたほどです。

ところが、実際に来日してみて、日本人と付き合ってみると、どうもおかしい。こんな素直な人たちが、朝鮮統治時代にだけ、野蛮で未開的なことをやっていたのだろうか、同じ日本人なのだろうか……という疑問を感じるようになりました。

この疑問に対する答えを探求した結果、見つけたのは、反日は個人としてなくなることがあっても、民族としてなくなることはない、ということです。なぜかと言えば、韓国は戦後、反日を軸に民族としてのまとまりを生み出してきた、と言えるからです。逆に言えば、反日を抜きにしたら、韓国人は民族としてのまとまりをつくれない、ということです。

そのように、反日感情は「つくられた民族的な感情＝公的なもの」なのですが、これが日本人との私的な交流の場面に浸透してきてしまうので、厄介なのです。

日本人と韓国人は、顔のつくりや髪の色が似ています。自然環境も近いと思います。そのため、本来的な民族のルーツは同じだという錯覚に陥ってしまいがちです。ですから、同じ価値観をお互いに求めたくなってしまう。この気持ちが、日本人と韓国人の間に働いています。

似たもの同士の出会いでは、まず「通じ合えそうだ」という印象が先にやってきて、しだいに互いに共通する感覚世界を共有しているかのような気分になっていることが、実に多いものです。私の体験からいっても、日本人と韓国人の間では、ほとんどそうした似たもの同士に特有な精神作用が働いています。

ところが、先に述べた「小さな違い」が「大きな誤解」につながっていくと、「やはり日本人はおかしな人たちだったのだ」と、私的な交流の場面であるものが、すっと民族的・公的な場面へと変化してしまうのです。

こうして、日本と韓国の間には、さまざまな行き違いが生じてしまうのです。どのような行き違いが生じるのかは、多くの来日韓国人が、日本を理解していくプロセスの中で説明することで見えてきます。

付き合えば付き合うほど悩む

まず、来日1年目。韓国人は、日本人にとても良い印象を持ちます。なぜなら、韓国では、強烈な反日教育が行われていて、日本人イコール野蛮人・未開人として教えられているからです。でも実際に付き合ってみると、みんな親切で思いやりがあって、とっても爽やかで、そして街並みはとても清潔です。

なんといっても、治安が良い。韓国は、隣に北朝鮮があるので、いつも緊張状態におかれていますが、日本は世界で最も安心できる良い環境です。「平和な国、日本。なんとすばらしい国なのか！　楽しくて仕方がない！」。多くの韓国人が、そう思います。私もそうでした。

そして来日2、3年目。表面的な付き合いだけではなくて、内面的な付き合いをしていくことになります。1年目は、日常会話さえできればよかったのですが、2年目、3年目ともなると、以前より一歩踏み込んだ付き合いに入っていくようになります。

このころから、日本人のことを知れば知るほど、日本人のことが分からなくなっていきます。日本人の考え方や価値観が、韓国人とはまるで逆であるということに気がつくからです。

具体的にいえば、韓国の常識が通じないことを知るのです。韓国では「白」とされることが、日本では「黒」とされる。習慣や美意識、人間関係のあり方、何もかもが韓国と違う。そのため、多くの来日韓国人はひどく落ち込み、悪くすると「ウツ的」な状況に苦しんでしまいます。

問題は、この2、3年目の時期で立ち止まってしまう人、そこでぶつかった壁を乗り越えることを諦めてしまう人がかなり多いということです。そのことは、今の日本と韓国との間の大きなギャップを象徴していると思います。

日本のわからなさが誤解を生み出し、そのまま歴史認識の問題や竹島問題などにつながるかのように錯覚してしまうことがとても多いのです。この時期を乗り越えて、5年以上日本にいますと、だいたいは日本が好きになっていきます。

私自身、2、3年目の時期にはとても苦しみました。なんで日本人はこんなにおかしいのか。同じ人間なのに、なんで日本人は白を黒と見るのだろう……というところに、ずいぶん悩んでしまったのです。日本を離れたい、と思ったこともあります。

しかし、「ちょっと待てよ」と考え直しました。これだけおかしいと思っている日本なのに、日本社会は世界で最も安全で、平和で、しかもみんな豊か。なぜ日本人が理想的な国を作ることができたのか、その謎を探るべきではないかと。

そこから日本人に興味を持ち、いろいろと探っていくうちに、日本人の価値観、考え方が見えてきました。それによって、韓国人の考え方、価値観も整理されて見えてきたのです。「ああ、だからこんなところで誤解が生じているんだ」ということも、たくさん見えてきました。

そこでさらに日本に居座り続け、来日5年目。この時期になると、再び日本が好きになっていくものです。

思うに、現在の日韓関係は、私の経験した「2、3年目」の状態から抜け出せないままだと言えます。行き違いや不理解の段階を超えることができていない。そのことに、韓国人も日本人もほとんど気づいていません。

夫婦関係から垣間見える文化の違い

韓国では、男が小さなことにいちいち気を遣ったりするのはとてもみっともないことです。結婚すれば、夫の身の回りの細々としたことは妻が全責任をもって管理します。それは妻の勤めとされますが、女の側からの重要な愛情表現の1つでもあります。

出張する夫のカバンの中味を整えるのはもちろん、朝出勤する夫のバッグの中を丹念にチェックして、足りないものを補ったりするのも、財布を調べて小遣いを入れてあげるのも、みんな妻の仕事です。

昼間、夫のいない間に夫の机の引き出しを開けて掃除したり整理したりするのは、ごく自然な行為であり、夫宛の手紙を開けて読んでみるのも当然のことです。そもそも妻たる者、夫のことは何でも知っておかなくてはならないのです。

夫の部屋などに、妻の目から見ておかしなものがあったり、必要ではないと思えるものがあったりすれば、夫には断りなしに捨ててしまうことはよくあることです。夫の趣味で買ってきて棚の上に置いてあった骨董品の灰皿が、妻から見ていかにもみすぼらしく見えたから捨ててしまった、など。

「なぜ大事な物を捨てたのかと」と怒る夫に対して、「そんなみすぼらしい物をなんで置いておくのか」と妻がやり返し、夫婦喧嘩になることも珍しくありません。それでも、妻としてまちがった行為をしたことにはならないのです。

夫としては、あらゆる自分の持ち物が事実上の点検を日々受けているわけですから、まちがっても、引き出しの中や財布の中に不審な女名前の名刺などを入れておくわけにはいきません。ところが韓国の男は、なにしろ小さいことは気にしないことをモットーとしているものですから、不用心このうえなく、たいていは妻に不審物を発見されてしまいます。だから韓国の夫はまず浮気を隠しおおせることができないのです。

どういう権利があって他人の手紙を開けたり他人の引き出しを開けたりするのか、などといったことは、韓国の夫婦の間ではいっさい問題になりません。夫のすべてを知らなくてなんの妻か、妻のすべてを知らなくてなんの夫か、というのが夫婦の道理だからです。

結婚生活を続けているうちに、だんだんと夫婦の趣味や関心が同じになっていって、やがては一心同体、顔つきまで似てくる、それが理想の夫婦関係だといわれます。家の中のことは妻の管理に属するから、夫としては結局、妻の趣味に合わせるしかなくなっていくわけなのですが。

ところが日本の夫婦間では、互いのプライバシーを守るとかいって、相手の所有物には触れようとしません。それからいって、日本の夫は浮気をしてもばれる確率は、韓国の夫に比べれば相当低いはずだと推察できます。

それならば、いったい何のために結婚するのか、というのが韓国人の疑問。夫婦とは一心同体、お互いに秘密があってはならない間がらだというのがいい分です。日本人と結婚した韓国女性が、夫から「プライバシー」を主張され、「夫は私に秘密をもっている」と結婚当初に悩む例は少なくありません。

日本より北朝鮮のほうが好き?

戦後70年、韓国人は、日本との間を盛んに行き来し、絶えず交流していました。その間、北朝鮮とは断絶していました。そのため、北朝鮮と韓国では、考え方が全然違ってしまったと思われていました。

ところが最近になって、「韓国にとっては、北朝鮮のほうがより理解しやすい」となっています。逆に、70年もお付き合いしてきた日本の考え方や価値観のほうが、理解しがたいとなっているのです。

ここで、韓国と北朝鮮、日本と韓国、そして、日本と北朝鮮の間に横たわる問題について、考えてみましょう。

まず、日本と北朝鮮との間には、核開発問題、日本人拉致問題があります。一方で韓国と北朝鮮との関係は敵国同士でした。ところが、最近の韓国は、親北朝鮮の傾向が強くなっています。それと同時に、反日感情がより強くなっているのです。

もっと具体的に言えば、「日本人というのは、どうしても分かりにくい人たちだが、北朝鮮の人の考え方や価値観なら、よくわかる」となっているのです。

北朝鮮と韓国の間では、芸能人やスポーツ選手団の行き来が生まれています。また、北朝鮮の金正恩と韓国の文在寅大統領が対話する、といった政治的な交流もありました。

こうしたことを通じて、「なんだ、自分たちは同じ民族じゃないか」という気持ちが生まれ、あっという間に北朝鮮に親近感を感じるようになっているのです。それと反比例するように、反日感情が強くなっているのが現状です。

私は1983年に来日しましたが、北朝鮮を支配する金日成・金正日親子の写真も映像も、日本に来てはじめて見ています。

私の世代が受けた教育では、北朝鮮は世界で最も過酷な恐怖政治を布く悪の国家そのものであり、金日成の姿は絵でしか知らされることがなく、その絵たるやいかにも凶暴な悪魔のように描かれていました。私の印象では、血肉を貪って肥え太ったライオンが、さらに獲物を求めて今にも跳びかかろうとしているような、すさまじい形相でした。

日本に来て金日成の写真を見て最初に感じたことは、なんとハンサムで穏和な顔をしているのだろう、というものでした。以後、北朝鮮について知ることが増えていけばいくほど、職業軍人の体験をもつ私のような者ですら、北朝鮮の客観的な情報をまったく知らされていなかったことに愕然としたものです。

文民政権以後の韓国人も、私の体験と同じように、北についての天と地ほどに異なる印象の落差を味わうことになりました。ところが、その反動から、北朝鮮の脅威はまったくの幻想だったという正反対の幻想が、国内に拡大していくことになってしまったのです。

それに伴い、かつてなら即時に準臨戦体制をとったはずの事件が起きても、軍が格別に大きな動きに出ることがなくなり、国民も「またか」の気持ちでやり過ごすのが習いとなり、北朝鮮侵略論を信じる者は時代遅れとすらいわれるようになっていきました。

民主化以後の金泳三《キム・ヨンサム》大統領の政権時代から、北の権力者たちへの「傀儡」という呼び方が捨てられ、「金日成」「金正日」と呼ぶようになりました。ほとんど閉鎖状態にあった北朝鮮情報が、わずかながら小出しにオープンされるようになり、類い希なる鬼畜集団と思っていた北朝鮮にも、同じ民族の血の流れる同胞たちがいるのだと、しだいに実感できるようになっていきました。

こうして、北への安心感が少しずつ根付いていくなかで、金泳三政権下では国民の北に対する関心が急速に薄れていったのです。戦後韓国の二本柱の一本だった「反共」が完全に消え去り、「反日」だけを残すようになったのも、その頃からのことです。

「日本人は人間ではない」と書いた韓国人女性ジャーナリスト

かなり以前、日本に2年半滞在していた韓国人ジャーナリストが、『日本はない』というタイトルの本を書きました。最初から最後まで、ずっと日本叩き、日本つぶしの本なのですが、ここには、私が来日2、3年目に感じた、日本を理解できない苦しみがたくさん書かれています。

どんなことが書かれているのかというと、ひと言で言えば「日本のことを学んでも、絶対に日本のようになってはいけない」ということです。日本は想像していたような先進国ではないし、豊かでもない。日本の社会構造や人間関係は、力やお金のある者とない者、加害者と被害者、抑圧する人と受ける人、という図式で成り立っている。

そして不思議なことに、被害者側にいる人や、抑圧される側にいる人は、それを嫌がるのではなく、当たり前のように受け入れ、むしろ楽しんでいる。まるで慣らされた奴隷のように、彼らはこれを喜んで受け入れていると書かれています。

詳しい例を挙げてみましょう。

――日本では、会食の場で女性が男性にお酌をします。親でもない他人にお酒を注ぎます。これは日本人からすると、当たり前の光景です。

しかし韓国では、この状況はありえません。なぜなら、女性が家族以外の男性にお酒を注ぐのは、恥ずかしい行為だとされているからです。だから、女性は自分のお父さんと旦那以外の男性に、お酒を注いだりはしません。

飲み会に行くと、日本人女性がお酒を注いで回っている様子をよく見かけますが、韓国人にとっては、それは水商売の女性がすることなのです。だから、お母さんが運営している酒場で、娘がお客の男性にお酌をしていると、娘をホステスとして働かせている、と映るのです。正常な国がやることではない、と思うのです。――

なかにはこんなエピソードも書かれています。

――知りあいの中国人が日本人の友人の家を訪ねて帰ろうとしたら、自分の靴が外側に向けて揃えて置かれていて、大きな侮辱を受けたといっていた。その家の母親がしたことなのだが、これは差別と偏見に満ちた行為で、とても許せないことである。

その中国人もそうしたように、韓国人も靴を脱いだらそのまま家に上がる。それが人間としては普通の行為である。しかし日本人は、わざわざ靴を外側に向けて揃えてから上がるという、まったくひねくれた心の持ち主たちなのである。――

そこで彼女は次のように判断します。

――家というのは人が暮らす場所であり、部屋というのはくつろぐ場所だ、だから靴を脱いでそのまま気楽に上がればいい。それが本来、人間のあるべき姿である。にもかかわらず、日本人はわざわざ体を後ろにねじ曲げて靴を揃え、再び体をねじ曲げて部屋の中に入る。これは、くつろぎと安らぎをもつことを知らない国民性を表したものだ。――

そして、「そのように体をねじ曲げなければならない日本人というのは、すべてがねじ曲げられた心の持ち主だ」という恐ろしい結論にいたるのです。そのようなことが、この本には最初から最後まで書いてあります。

この本では、そういった事例を挙げては「日本人はおかしい」と書いています。韓国では、最大のベストセラー本になるほど大ヒット。日本にまつわる研究を行っている韓国人の間では、いまだに参考文献として使われています。

噛む音を出さないと飢え死にする⁉

このように、日本と韓国では、習慣からして大きく違います。ご飯の食べ方もそうです。

韓国人は日本のご飯をはじめて食べて、「とてもおいしい」と喜びます。韓国よりもお米がおいしく、もちもちした食感を美味だと感じるからです。また、お味噌汁の種類がたくさんあるのも、韓国人が日本の食事を喜ぶポイントです。

ですが、徐々に、日本人の食べ方を「なんて品のない食べ方をするのだろう」と気になり始めます。なぜなら、日本で「上品」とされている食べ方は、韓国では「下品」とされているからです。

1つ目は、手の使い方。日本では基本的に、利き手でお箸を持ち、片方の手はお茶碗を持ち上げたり、お皿を持ったりするため、「両手」を使うことがマナーです。しかし、韓国で使うのは「片手」のみ。利き手でお箸やスプーンをもち、もう片方の手は膝の上に置いたままです。

日本のように、お茶碗を持ち上げるのは「下品」とされています。またお箸を揃えるとき、日本人は両手を使って揃えますが、韓国人は片手しか使えないので、一旦テーブルにトンと落としてから揃えます。おそらく日本人からは「下品」と思われているでしょう。

2つ目は、咀嚼《そしゃく》音です。日本では、噛む音を鳴らすのはマナー違反だとされていますが、韓国では、クチャクチャと音をさせるのが普通。下品どころか、むしろ「おいしく食べています」という印なのです。韓国では「音を出して食べなければ、飢え死にしてしまう」と言われるくらいです。

日本人は場合によっては正座をして食べます。韓国で正座は、目下の者が目上の者から叱責を受ける時にとる畏まった姿勢であり、なおかつ刑務所で囚人がとらされる姿勢だという認識があります。

囚人は、正座をしているのでご飯茶碗が遠くなるから手に持って食べることになります。そうなってくると、日本人の食べ方は韓国人からすれば、なんとも「はしたなくも卑しい」食べ方と映ることにもなるのです。

それが日本人の習慣だ、異文化だと知ってはいても、やはり多くの者が嫌な気分を免れません。これが欧米人なら「そういう習慣なのだろう」で済んでしまいます。ところが日本人は、自分たち韓国人とそっくりの顔かたちをした人たちなものですから、外国人意識が自然にどこかへ行ってしまうのです。

そして3つ目は、混ぜること。韓国人は、とにかく食材を混ぜます。ビビンバもキムチも、混ぜることでおいしくなる料理です。しかし日本では「素材そのものの味を味わう」ことが重要であるため、極力食材を混ぜることはしません。

その最たる例が、鍋料理。日本では、鍋に白菜、魚、お肉、ときれいに具材を並べます。ところが韓国人にとっては、それがぜんぜんおいしそうに見えないのです。グツグツグツグツ煮え立っていて、汁は鍋の外にあふれている。これが韓国人の「おいしく感じる鍋」なのです。

お鍋から取り皿に取って食べる食べ方も、韓国人はあまりしません。なぜなら鍋を囲む人々がそれぞれ腕を伸ばし、直接鍋からスプーンですくって直接口に運ぶからです。そして、そのスプーンで鍋の中をくねくねとかきまぜては、また口に運んでくちゃくちゃと噛む。

いかがでしょう。日本人からすると、衛生観念を考えて、相当抵抗を感じてしまうのではないでしょうか。しかし、韓国人は、こうした食べ方に食欲を感じ、自分も仲間に入っていっしょに食べたい、と思うのです。

日本人は「あぐら」にびっくり。韓国人は「正座」にびっくり

もう1つ、情報の発達した今ではあまりないことですが、かつては韓国人が日本人の家に招かれたとき、とても気分が悪くなることがありました。それは、取り皿と割り箸を出されること。韓国人にとって、取り皿を出される行為は、自分を「汚い」と思われているのと同じことだからです。

そして、割り箸を出されると、「日本人の家族の皆さんはちゃんとしたお箸を使っているのに、客である私には安っぽい割り箸なの？」とイヤな気分になります。韓国人に対す

る偏見に満ちた行為なのではないか、と勘違いしてしまうのです。

家の中に入り、靴を脱ぐときにも、イヤな思いをします。日本でも韓国でも、部屋に上がるときは靴を脱ぐ、という習慣があるため、安心して靴を脱ぎ、部屋に入ります。しかし、日本人は、韓国人が脱いだ靴を、わざわざ揃え、つま先を外側に向けて置きます。

これを見たとき「なんて窮屈な国なんだ……」と思うのです。韓国人は、靴の向きも乱れも気にせず、脱いだまま部屋に上がるのが普通だからです。

座り方もそうです。「床に座布団を置く」という習慣は韓国にもありますが、日本人が当たり前のようにする「正座」は、韓国ではしません。先に述べたように、罰を受けているときの座り方だからです。

韓国人は、「日本人は先祖が悪いことをしたために、ずっと罰を受けているから正座で座っているんだ」とまで言います。日本人を罵るとき、「正座」と言うのは、ここから来ています。

では、韓国人はどう座るのかというと、左足はあぐらをかき、右足は膝を立てて座ります。これが、日本の正座に当たります。伝統的なチマチョゴリの裾が長いことから生まれた座法です。

日本の正座

韓国の女性の正式な座り方

しかし、チマチョゴリを着なくなったいまもされている座法なので、ミニスカートを穿いた女性が立て膝を立てている様子をみて、日本人男性はびっくりします。最近では、立て膝ではなく、あぐらをかいて座るのが主流です。

朝鮮では伝統的には立て膝をついて座るのが女性の正式な座り方でした。でも日本でこれをやれば、「なんて行儀の悪いことか」となるでしょう。

いずれも外国である韓国の習慣ですから、「なるほど、そういうものか」と理解すればいいだけのことです。しかし日本人からすると、そうとわかってはいても、どうにも嫌な気分になってしまう人が多いのはたしかなようです。ある日本人ビジネスマンからこんなふうに言われたことがあります。

「ソウルで食堂に行ったら、すごい美人の女性がいるので、きれいな人だなあとチラチラ見ていたんです。ところが彼女は、食事が運ばれてくると、立て膝をついて座り、しかも食卓に両肘を付いた格好で、クチャクチャと音をたてて食べはじめたんです。あの姿を見て、百年の恋もいっぺんに冷めてしまいましたよ」

たぶん、インド人が立て膝をついて座りながら、ご飯を手ですくって食べているのなら、そんなに嫌な気分になることはないでしょう。相手は目鼻も違えば体つきも違うし、服装から文化から大きく違っているのが歴然としているからです。その人は明らかな外国人であり、目にしているのは明らかな異文化です。

でも、それが韓国人となると嫌な気分になってしまうのは、見かけ上日本人とまるで変わりのない人がそうしているからです。そこでは、無意識のうちに相手を同族・身内のように感じてしまっています。そこで、「なんて行儀の悪いことか、はしたないことか」となってしまうのです。

これは日本人女性から聞いた話ですが、国会議員クラスのかなりハイレベルな女性たちとの交流会があって、韓国の伝統レストランに招かれたそうです。同席した韓国人女性たちは、持ち物は最高級、バッグはブランド品、洋服もヨーロッパのブランド品を身に付けていたそうです。

ところが、皆さんはあぐらをかいて座るし、何でもかんでも混ぜながら食べる。その様子に、非常に驚いたそうです。特に、韓国人の女性の座り方にはびっくり。でも、韓国人から見れば、日本人の座り方のほうがびっくりなのです。

これらは、目に見える習慣の違いなので、1年もすれば慣れてきます。お茶碗を持って食べるようになるし、靴も揃えるようになります。しかし、最も大きな問題は、「目に見えない価値観の違い」です。

これが、来日した韓国人を苦しめるのです。ともすれば、「日本人を許せない」という気持ちまで生まれてしまいます。

勝手にコーヒーを入れることが友達の証

日本人と韓国人との違い。それが分かりやすく表れるのが、人間関係における「距離の取り方」です。

韓国人は、まず「この人と気が合いそうだな」と思ったら、とにかく距離を詰めていきます。たとえ初対面であっても、自分の心の内まで一部出して、熱くなろうとします。そして「この人は本当に私のことをわかってくれる人なんだ」と思ったとき、自分の内面をぶちまけ、さらけだします。

さらに親しくなり、友達の家に遊びに行ったとしましょう。日本人には信じられないかもしれませんが、韓国人は「この人と私は親しい」と感じれば、勝手に友達の家の冷蔵庫を開けて、中に入っているジュースを飲みます。

韓国に駐在する日本人の奥さんに、こんな悩みを聞いたことがあります。

「私にはとても我慢できないことがあります。仲良くなった韓国人の奥さんが家に遊びにくると、勝手に台所に入って、自分でコーヒーを入れて飲んでいるんです。台所は絶対見せたくないところだから、勝手に入られると極めて困るのに……」

しかし、韓国人にしてみると、いつまでもお客様のふりをして居座ることが失礼なことなのです。だから汚れた食器があれば洗うし、飲み物も自分で用意する。それができてこそ友達だ、と思っています。

とても仲良くしたいと思っているのです。韓国人にしてみれば、飲んであげるということは強い親しみを表わしていることなのです。

そういうことは、日本人からしてみれば、とてもしてはいけないことでしょうが、韓国人としてみれば、「あなたのものは何でも使ってあげるよ」という気持ち、距離感を早くなくそうとするところからくるものなのです。

だから歯ブラシまで使ってあげるのだし、場合によっては食事をするのに自分の前に箸とスプーンがあるのにもかかわらず、相手のスプーンと箸を使って食べてあげたりもします。そういう親しさの表現がいかにできるかということが、韓国では人間関係のポイントなのです。

ところがこれが、日本人にはもっとも抵抗のあることなのだから困ってしまいます。韓国人が日本で生活するには、こうしたところに距離をおかなくてはならないことが、とても辛いのです。

もう1つ、面白い話があります。韓国人の男性に嫁いだ日本人の奥さんが、週1回、土曜日にお姑さんのところに遊びに行くそうです。姑さんからはとても可愛がられて、いろいろなことを面倒みてくれて、とてもありがたいと思っているそうです。しかし、どうしても我慢できないことがあると言います。

遊びに行くと、お姑さんから「今日は泊まって帰りなさい」と言われるのですが、泊まっていくのは問題ないにしても、姑さんから「今日は私と一緒に同じ布団で寝よう」と誘われるのだとか。「ああ、それはできません」と言うと、「娘のように思っているのに、なぜあなたは、そんなに冷たいの」と言われて困っているとのことでした。

お姑さんと同じ布団で寝るのは、日本人にとっては非常に抵抗のあることですが、韓国人にとっては、とてもありがたいことだし、もしお姑さんから「同じ布団で寝よう」と言われたら、うれしくなるものなのです。

腕組みをかわされると寂しくなる

韓国での人間関係の最大のポイントは何かというと、できるだけ早く相手との距離をなくす、ということになります。初対面の人が気に入れば、すぐに仲良くしようとします。早く相手の心の壁と私の心の壁をなくそうとします。

日本的にいえば、すぐに馴れ馴れしくするのです。日本人からすると、会ったとたんにベタベタしてくる、いったいどういうわけか、ということになるのです。

韓国のソウルなど街を歩いてみると、とくに女性の場合はそうなのですが、二人で歩いているのを見ると、だいたいが腕を組んで歩いています。そういうと、「日本だって田舎ではよくそうしているよ」といわれるけれど、それは程度の問題。田舎の日本人がみんなそうだというわけではないでしょう。

韓国では、都会でも田舎でも、いたるところに普通に見られます。女性ほどではなくても、男性同士でも肩に腕を組んで歩くのもよく見られることです。日本人や欧米人がそれを見ると、「ちょっと怪しい関係じゃないか」と思われるかもしれないくらいです。

私も韓国にいた頃は、少しは話が通じるなと思う女性とは、道を歩くときは手をつないだり腕を組んだりして歩かないと、なんだか体が傾いてしまうような、不自然な気がしてなりませんでした。そうすることで、相手との距離感がまったくなくなっていくのです。

実際の物理的な距離がなくなっていくことによって、心の内面的なものもそこで溶けていく。溶けていくというのは何かというと、私の悩み事、あるいは相手の悩み事、あるいは互いの心臓の動きまでが聞こえてくる、そんなふうに1つになれている感覚なのです。

例えば、同じクラスになって初対面で話が合い、「友達になりましょう、これからよろしく」となると、韓国人は、すっかり親友気分になります。そして、歩くときにはいきなり腕を組もうとします。

しかし、日本人の場合は、いくら親しくなったところで、突然腕を組まれてしまうと、非常に驚くのではないでしょうか。

これは私自身の体験ですが、留学生時代、教室で隣り合わせに座った人と、とても話が合いました。「これから友達になりましょう」ということになり、私は彼女とものすごく親しくなったつもりでいました。

当時、その教室の中に留学生は私1人しかいなかったので、なんとしても早く友達を作りたかったのです。ですから、私は教室を出るやいなや、そ～っと彼女と腕を組もうとしました。ところが、彼女にすっと逃げられてしまったのです。

私は「もっと強く腕を組まなければいけないのか」と思って、力を入れて腕を組もうとしたのですが、彼女のほうも強く逃げてしまいます。なんとも寂しい気分になったのを覚えています。

それからも、トイレに行くときなど、何度も腕を組もうとしました。でも、やはり逃げられてしまうのです。そのときに思ったのは、「口では親しくなりましょう、仲良くしましょうと言っているのに、実際は私と仲良くなりたくないのかな……」ということ。ずいぶん悩みました。

韓国人がベタベタな親和的関係を拒否された場合、一挙にひっくり返って猛然と相手を突っぱねる姿勢を現わすことがよくあります。多くの韓国人にとっては、「あなたは私の味方なのか敵なのか」が重要なことなのです。極端にいえば、ベタベタする親和的な関係か、どこまでも対立する敵対関係かの2つに1つになってしまいがちなのです。

「間」をとる日本と「間」をとらない韓国

２０１８年、私が対馬を訪れたとき、こんなことがありました。対馬はかつて、多くの韓国人観光客で賑わっていました。反日感情が激しくなってからは、ほとんど観光客が来なくなりましたが、現地の住民からお話を聞くと、多くの人が「韓国人はマナーが悪かった」と言うのです。

「どんな風にマナーが悪かったのですか？」と聞くと、「２、３人で腕を組んで街を歩くので、道幅が狭くなってしまう。他の人が通れない」とのこと。これが一番のマナーの悪さだと話していました。韓国人が仲良く腕を組んで歩いていたのが、日本人にとってはマナー違反だったのです。

こうした話は、民間人に限ったことではありません。韓国の文在寅大統領の夫人、金《キム・》正淑《ジョンスク》氏が、「Ｇ20大阪サミット２０１９」でファーストレディの集まりに参加したとき、なれなれしく他のファーストレディの間に入り込む場面がありました。そして、金夫人はフランス大統領夫人の元に行き、すっと腕を組もうとしたのです。

これは、欧米の人にすれば日本人の感覚同様、大変気味の悪いこと。絶対にしてはいけないことだったのです。しかし、韓国人の金夫人には、それが分かりませんでした。欧米人のファーストレディたちは、金夫人を無視して、お互いに握手を交わしていました。金夫人の行動は、さすがに韓国でも「品がない行動だ」と批判されていました。

腕を組んで歩いたり、自分の悩み事を打ち明けたりする行動は、韓国以外のアジア各国でも共通して見られます。中国もそうですし、台湾、フィリピン、ベトナムでもそうです。

しかし、アジアの中でも日本だけは違います。良い悪いの問題ではなく、違うだけなのです。ですが、この違いが「どうしても許せない」という感情を、韓国人に引き起こさせてしまうのです。

人間関係を構築する上で、韓国人が大切にしているポイントは、「いかに馴れ馴れしくできるか」です。腕を組むことで、相手との間に距離がなくなっていく。そうすると、相手の心臓の音が聞こえてくる。そうすることで安心できるのです。自分の心の内までぶちまけたくなるのです。それが本当の友達関係なのです。

韓国人は、これを日本人との人間関係にも求めます。ベタベタし、すぐに熱く燃える関係になりたがります。一方で、早く冷めるという一面もあります。人間関係が10年以上続くことは、韓国では極めて稀です。

しかし、日本人の場合は、間をおくのが大事だと思っています。そして、淡くても長い付き合いをしようとします。ところが、韓国人はそれができないため、「日本人はとても冷たくて、何を考えているのかわからない。不気味だ」と思ってしまいます。

徐々に距離を詰めていく日本人

日本人は世界の中でも、もっとも人間関係で距離感に気を配る人たちだと思います。つまり、日本語でいう「間」をどうとるかを大いに気にしているのです。日本人がもっとも距離感を意識する人たちで、韓国人はもっとも距離感を意識しない人たちだというくらい、極端な違いがあります。

他人と関係を結ぼうとする場合、韓国人に限らず、欧米人・中東人・中国人などの場合は、最初からあたかも距離がないような、リラックスした態度からはじめようとします。

日本人の場合は逆に、まず一定の距離をとり合った緊張状態からはじまり、距離を徐々に縮めてリラックスしていこうとします。この距離ある状態が比較的長く続くところに、日本人が他の外国人から「礼儀正しい」といわれる理由もあるように思います。また「かたい」とか「オープンでない」といわれるのも、同じ理由によっているでしょう。

この緊張状態からリラックス状態になっていくまでの間に、お互いに相手との距離を微妙に調整していくのです。このように、互いに距離を調整しあうことによって、うまく関係を保っていこうとするのが日本人です。

それでは、多くの外国人が、あたかも最初から距離がないようなムードをつくって人間関係に入ろうとするのに対して、日本人はなぜ大きく距離をとったところから入ろうとするのでしょうか。

それは、一見逆のように聞こえるかもしれませんが、日本の社会が他者に対する距離感をほとんど感じる必要のない社会としてできているからです。別な言い方をすれば、敵ではないという安心感が先立っているのです。だから、対人関係には一定の距離をもたせる形をとらなくてはならない。そうでなくては、責任ある社会関係を生み出すことができません。

逆に、欧米でもイスラム諸国でも、また中国でも韓国でも、家族外の他者はきわめて疎遠な、警戒すべき対象です。しかし社会では、そうした疎遠な対象と身近に関係を結んでいかなくてはなりません。

そこには他者に対する警戒があり、緊張があります。この壁を一気に乗り越えなくては社会関係を結ぶことはできない。徹底的な個人主義と家族主義（血縁主義）がそうさせているのです。

日本のように、個人主義も家族主義も強くない社会では、他者がとくに緊張を強いることはなく、したがって警戒すべき存在ともなりません。他者は本来、ごく身近な気楽に関係を結べる相手なのです。

だから日本人の友達同士の関係はゆるやかなもので、韓国人や中国人からすれば一見冷たく感じられてしまうのです。

分かってほしいから馴れ馴れしくする

日本は昔から、「お隣同士の国なのだから、友人関係になりましょう」という言い方を韓国にしてきました。しかし、そう言いながらも、日本人はいつも距離を置こうとする。

だから日本人は、表面的には極めて親切で優しいけれども、一歩踏み込んでみると、とても冷たい人たちなのだ、と韓国人の間ではなっています。「日本人は韓国人と本当の友達になりたくないのだ」。それが多くの韓国人の見方です。さらに、「日本人は血も涙もない人たちだ、そんな人たちと、なぜわざわざ無理をして友達関係を作らなければならないのか、こちらにもプライドがあるんだよ」とも思っています。

韓国人は、親しい人には遠慮なく自分のことを打ち明けたいのです。苦しみや悩みごとを分かち合ってこそ、本当の人間関係だと思っています。しかし、日本人は、悩みごとをくどくどと言っていると、ぱっと止められてしまいます。そもそも、言おうとしません。

私も来日当初は、それがなかなか理解できませんでした。「日本人はどうやって悩みごとを解決しているのですか？」と聞いたことがあります。すると、相手の日本人は、「日本には『察する』という言葉がありますよ」と教えてくれました。

「察する」には「間・距離を取る」こと。「察する」とは、内面の心の動きに気づいていくこと。そこで、辛いことや苦しいことを共有しなくても、「相手はこんなに苦しいんだな」と感じ取ることができる。この「内面の心の動き」に気づいていく意識は、言葉がなくとも分かり合えた古い共同体生活に由来するものでしょう。「察する文化」が、日本にとって大きいことを知りました。

そして、淡くとも長い付き合いを求めていく。常に相手の立場に立って物事を考え、熱くなり過ぎないように間を取る。そうしなければ、トラブルが起きてしまう。このことも、私はあとで理解しました。

一方で、韓国には「間を取る」という文化はありません。「相手を察する」こともしません。だからこそ、「100%自分を表現してこそ、相手に分かってもらえる」と思っています。それが韓国の価値観なのです。

韓国は長い間、異民族から侵攻を受け続けてきましたから、同じ民族以外は信用できないという共同意識が強く根付いてきました。もっと身近にいえば、自分の血がつながった家族・親族以外は容易に信用できないということです。

ですから、血のつながっていない人とどう付き合うかというと、血縁関係に匹敵するほどの強い絆で結ばれた間柄になろうとします。家族同然、兄弟姉妹同前の関係でなくては、信頼関係を結ぶことが心理的にできないからです。

すぐにでも身内的な手応えが欲しいので、気が合ったとなるといきなり強く結びつこうとします。それで距離を一気に縮め、ベタベタとしていくわけです。これは、長い歴史のなかで育まれてきた他者との関係のもち方、その精神的な習性のようなものです。

謝っても謝っても、許してくれない理由

日本と韓国の「目に見えない価値観の違い」は、「謝罪」にも表れています。

日本と韓国の間で、長いこと争われている慰安婦問題。２０２１年1月8日、ソウル中央地裁は日本政府に対して、12人の元慰安婦へ賠償を命じる判決を出しました。

判決後、原告の1人である李玉善《イ・オクソン》元慰安婦は、メディアのインタビューにこう答えていました。「日本にはきちんと謝罪をしてほしい。1億円だろうが3億円だろうが、お金では解決できない」。同じく、李容洙《イ・ヨンス》元慰安婦は、はっきりとこう言いました。「日本の首相が公の場に出て、世界中に聞かせるようにして、被害者に直接謝罪するべきです」。

さらにソウル新聞は、この発言をこう報じていました。「（私たちは）賠償は重要ではなく、謝罪を受けなければいけない。日本は被害者に心のこもった謝罪をしないといけない。お金（損害賠償額）ではなく、今謝罪しないと、永遠に彼らは謝罪をしないことにな

る。そして彼らは、永遠に悪い国になってしまう」

いかがでしょう。日本人のみなさんは、おそらく「まだ足りないのか……」と思っているでしょう。日本は、政権が変わるたびに謝罪をしているし、元慰安婦の多くが「和解・癒し財団」や「女性のためのアジア平和国民基金」から多額のお金を受け取っています。日韓合意の際に出された日韓共同表明の中では、日本の首相が元慰安婦にきちんとした謝罪を表明してもいます。さらに、「女性のためのアジア平和国民基金」への支給の際には、それぞれ元慰安婦に小泉純一郎元首相が「お詫びの手紙」を書いています、

にもかかわらず、韓国側は日本政府を相手に損害賠償を求める訴訟をたびたび起こし、その上「お金の問題ではない」と言っています。一体どういうことなのか、日本人には到底理解できないでしょう。

韓国政府、元慰安婦、支援活動家たちも、日本政府が改めて謝罪するわけはないことを、すでに心得ています。解決などしようもないことは明らかです。それどころか、慰安婦問題が解決されぬままであり続けることを、むしろ望んでいるのです。

なぜなら韓国の反日民族主義にとって元徴用工問題や元慰安婦問題は、ナチスのユダヤ人虐殺に匹敵する、永遠に罪を問い続けていかなくてはならない「反人類的な大罪」の問

題だからです。

たとえば、彼らは「日本はナチスの強制収容所での強制労働と同じ奴隷労働を強要した」と国際社会に訴えています。

かつて盧武鉉《ノ・ムヒョン》元大統領は、ドイツ紙のインタビューに応じて、ナチスドイツと帝国主義日本は、共に反人類的な大罪を犯した点で等しいと語っています（『朝鮮日報』二〇〇五年四月八日の記事より）。

謝罪は感情的でなければ意味がない

文大統領は最近、日韓合意について、態度を一変させています。「両国政府間の公式の合意だった」という事実を認めています。これは、いままでなかったことです。「その土台の上で、今回の判決について、被害者たちも同意できる解決策を見つけられるよう韓日間で協議していく」と見解を述べています。

おそらく、これ以上、強引に謝罪を要求し続けると、日本から経済制裁を受けるのでは？　と怖がっているのでしょう。文大統領の態度からは、そのことが見て取れます。

文大統領は日本が同意できる根本的な解決案を出しているわけではありません。しかし、韓国なりに解決案を出しておけば、「韓国は問題解決にこれだけ努力しているのに、日本は応じない」と諸外国に示すことができる。つまり「韓国は善なる国」「日本は悪の国」というイメージを残したい、という思惑が見えるのです。

それにしても、なぜ韓国は、ここまで謝罪にこだわるのでしょうか。その根底には、日本と韓国の「謝罪」に対するニュアンスの違いがあります。韓国人にとって、あるいは日本人にとって、「謝罪」とは何なのか。そこから探っていきましょう。

まず、日本の首相や天皇が口にする「謝罪する」「遺憾である」という言葉。これは、韓国人にとっては、物足りない謝罪の言葉です。よそよそしいのです。

こうした漢字の言葉は、韓国にとっては公用語なので、情がこもっていないように受け止めます。肌感覚の表現がないと、情を感じられないのです。

「遺憾です」という言葉を韓国語に訳すと「ユガムイムニダ」になります。これを聞いても、多くの韓国人は謝罪のニュアンスとは捉えません。「謝罪します」も同様です。韓国語では「サジェハムニダ」となりますが、こう言われてもピンとこないのです。もう少し情緒的で感覚的な表現がほしい、と思ってしまうのです。

日本語には「申し訳ありません」という言い方がありますが、これを韓国語に直訳すると「チェソンハムニダ」。これについても、深く謝っている印象を受けません。

では、どんな言葉を使えばいいのか。

韓国には「ミアンハムニダ」という言い方があります。「ごめんなさい」というニュアンスの言葉です。日常的に使われるため、ちょっとしたところで「ミアンハムニダ」と言います。「悪かったです」という言い方に当たる「ザルモッテスムニダ」も、庶民的で情緒的な言葉です。

実は、この言葉が、韓国人の心にはぴったりくるのです。さらに、涙を流して土下座しながら、「ザルモッテスムニダ」と何度も言い続ければ、ようやくスッキリします。日本は韓国に、こうした謝罪を求められているのです。

しかし、天皇陛下や首相が土下座して泣きながら謝るなんて、ありえないことです。でも、それをさせたいという気持ちが、韓国人のどこかにあるのです。

日本人がいくら謝罪しても、「あんなのは謝罪ではない、まるで感情がこもっていない」となるわけですが、それではどれほどの感情表現が「感情がこもっている」となるのでしょうか。これは謝罪ではないのですが、北朝鮮で国民的な哀悼の意が次のような感情表現でなされたことがあります。

金日成が亡くなったとき（1994年7月8日）に、金日成の銅像の前に跪いて嘆き悲しむ平壌市民たちの様子がテレビで放映されました。

それはまさしく、「わが人民は天が崩れるかのような悲報に接し、血の涙を降らせて、大声で鳴いて慟哭し、身悶えした」と北朝鮮の教科書（高等中学6年）に書かれている通りの、凄まじい嘆き悲しみの姿でした。なんという嘆き方なのかと驚き、あきれた方は多いと思います。

しかし、韓国人の目からはとくに「すごい嘆き方」とは映りません。普通の人の葬式のときでも、もちろん人数の違いはありますが、個々人を見てみればだいたいはあんな嘆き悲しみ方をするものだからです。謝罪についても、それほどの感情表現あってこその謝罪なのです。

もしも、日本がそのように謝罪をするとします。すると韓国側は「日本は自分たちを罪人だと認めたのだ」と認識します。すると、日本側に「永遠にその気持ちで罪人らしく生きていく必要がある」と求めてくるでしょう。韓国はそれを望んでいるため、「お金ではなく、態度を見せてくれ」ということになるのです。

しかし、そんなこと、日本ができるわけがありません。だから「遺憾である」「謝罪する」という公的な品のある言葉を使います。

すると韓国は「なんと日本人は冷たく情がないのだ。あれほどの罪を犯しているのに、戦後は裕福な暮らしをしている。韓国は北朝鮮と分離され、こんなに苦しい戦後を送っているのに」となるのです。

感謝のニュアンスもかなり違う

日本は戦後絶え間なく韓国に協力してきたのにもかかわらず、韓国側は、そのありがたみをほとんど感じていません。「助けてもらった」という気持ちもないのです。

「謝罪」と並んでもう1つ、言葉のあり方が違うものがあります。それが「ありがとう」「感謝」です。韓国語では「カムサハムニダ」「コマスムニダ」と訳します。

日本人は頻繁に「ありがとう」と言いますが、韓国人にとってみれば、これは公の場や深くお礼を言う際に使う言葉です。家族や友達などの親しい関係で頻繁に「カムサハムニダ」と言うことはありません。

ですから、身近な人に「カムサハムニダ」と頻繁に言われてしまうと、逆に「心がこもっていないな」と思うのです。

私が日本に来たばかりのころ、親しくなった人に助けてもらったとき、「ありがとう」を言いませんでした。すると、その人に「ありがとうくらい言ってよね」と言われ、ドキッとしました。

思わず「えっ、あなたと私との間でも、『ありがとう』なんて言うのですか?」と聞くと「当たり前でしょう」と言われました。さらに「夫婦間でも『ありがとう』と言うのですか?」と聞くと、「もちろん」という答えが返ってきました。

日本の奥さんにいろいろ聞いてみたところ、ご主人にお茶を入れてあげても、ご主人から『ありがとう』と言われると聞きました。「もし言われなければ、離婚ですよ」とのこと。韓国では「カムサハムニダ」を頻繁に言うことのほうが、他人行儀に聞こえて離婚の危機を感じている時です。

ある韓流ドラマを見ていたとき、姪が叔母に対して「ありがとう」を言っていました。すると叔母がそれを止めて「あなたと私は『ありがとう』を言うような間柄じゃないでしょ」と、怒りながら言っていました。これが韓国なのです。

私も来日当初は、「こんなに『ありがとう』ばかり言ってしまうと、心が込もっていないと思われるのでは」と思っていました。しかし、無理しつつも「ありがとう」と言うようにすると、不思議なことに、すべてに対してありがたいという気持ちが沸いてくるようになりました。

日本には「言霊」という言葉がありますが、「言霊」の力はすごいものですね。それまでは「これしか助けてくれない」という気持ちだったものが、ちょっとしたことでも「助けてもらってありがたいなぁ」という気持ちに変わっている自分を発見しました。いまや私は、日本人以上に「ありがとう」という言葉を使うようになっています。

「親しき仲にも礼儀あり」という言葉があるように、日本人は、親しい人にも「ありがとう」を言います。かたや韓国人は、親しい人には礼儀正しくないほうがむしろ良い、という価値観を持っています。

元慰安婦への謝罪にしても、経済援助にしても、こうした「日常の人間関係」を国際問題に当てはめることで起こっています。「過ちをきちんと謝ってもらえない」「助けてあげてもありがとうも言わない」。そんな両民族の考え方の違いが、韓国と日本の間には潜んでいるのです。

多情な韓国人、社交辞令の日本人

日本人と韓国人は、情のあり方もまるで違います。まず韓国では、「あなたは多情な人ですね」という言葉は、最高のほめ言葉になります。ですから私も、ほめるつもりで「あなたは多情な方ですね」と一生懸命に言ったのですが、日本の人にうれしい顔をされたことは、まったくありません。

日本人にとっては「多情な人」は、「情が多くて、浮気っぽい」というイメージです。ところが韓国では、優しくて、面倒見が良くて、思いやりがあって、気前よく振る舞う人を「多情な人」といいます。こういう人こそが理想であり、みんな「こんな人になりたい」と思っています。

韓国人にとっては、なれなれしい人間関係を作ることが大切です。だから、「私のもの」「あなたのもの」という境界線をなくしていくことも「親しみの証」になります。

私が留学生だったころ、親しくなった日本の友達の筆箱を勝手に開けて鉛筆を使い、「ありがとう」も言わずに返していたことがありました。

ところが、友達のほうは、私の鉛筆を使うときにいつも「貸してくれる?」と聞いたり、返すときは「ありがとう」と言ったりしていました。私はこれが本当に寂しかった。水くさく感じられてならなかったのです。

私とあなたは友達なのだから、私のものはあなたのもの。勝手に使ってほしいのに、どうしていちいち「貸してほしい」と言うのだろう。私と本当に仲良くなりたいのだろうか……。そんな不安な気持ちでいっぱいになりました。

そこで私は、自分の「なれなれしくする努力が足りない」のだと思い、新たな行動に出ることにしました。翌日からお弁当を持っていき、昼食時に友達のお弁当箱から「おいしそうね」と言いながら、おかずを勝手にとって食べたのです。

それを見た日本の友人は、みんなびっくりし、私を変な目で見ました。あのときの冷たい視線は、いまでも忘れることができません。

また、私の例ではありませんが、日本人が韓国に留学をしていた際に、韓国人の行動にカルチャーショックを受けた、という話を聞いたことがあります。下宿先に日本人は彼1人しかおらず、韓国人がよく部屋に遊びにきていたそうです。

彼が日本から持ってきたコーヒーを淹れてあげたところ、韓国人たちが「おいしいね」

と言うものですから、日本人の彼はうれしくなり「いつでも来て、飲んでいいよ」と言いました。

すると、韓国人たちは、彼がいない時間に遊びにきて、コーヒーをすべて飲み切りました。日本人の彼は「何という人たちだろう……」と思ったそうです。

韓国人にとって、いつでも来ていいよ、という言葉は、心を許せる友達になったという証です。さらに仲良くなるチャンスでもあるのです。だから、実際にそうしたのです。

でも、日本人の彼には、それが分かりませんでした。私が彼に「飲んでいいよ、と言ったのでしょう?」と聞くと、「それは社交辞令ですよ」とのこと。日本人にとっては社交辞令かもしれませんが、韓国人にとっては、距離感をなくす最高にうれしい言葉なのです。

中国人、韓国人に共通するのは、表向きは社交辞令が大事だ、義理が大事だといいながら、実際には守るべき義理を無視して人情を優先させる場合がよくあることです。韓国に偽証事件がことのほか多いのも、そのことに関係しています。

韓国に偽証が多い背景には、身内を助けるためには嘘をつくことが善であるという、古くからの「身内正義」の考え方があるからです。一般には、「それが人情というものでしょう」という理解があります。

ですから、身内や友人を助けるために犯した偽証の過料は軽く、処罰されることもまれです。そういう現実が、偽証事件の多発を助長してもいます。

仲良くなるほどもらいたくなる

親しくなったことを示すために、韓国人は、自分が部屋に入ってコーヒーを飲んだ、という痕跡まで残します。そうすることで、相手に「コーヒーを勝手に飲んでくれるくらい、心と心が通じる関係になったんだ」と思ってもらえるからです。

韓国人は、より仲良くなると、部屋に入ってきては、勝手に家主の靴下を履いたり、歯ブラシを使ったりするようにもなります。なぜなら「あなたのことを汚いと思っていないから」です。

もっと極端な場合は、机の上に小銭があれば、それでジュースを買って飲んであげます。大きな金額なら泥棒になりますが、小銭ぐらいならば、むしろ相手はうれしく感じます。それでこそ本当の友達になった、と思うからです。

もう1つ、例を挙げましょう。例えば、ここに仲の良い2人がいたとします。片方は経済的に成功していて、もう片方は成功していません。韓国では、成功した人はそうではない人に対し、何かと自分のものを与えようとします。

おそらく、日本人は抵抗感を感じるでしょう。ですが韓国人は「自分は与えられるほどの価値がある人間だ」と思い、当たり前のように援助を受け取ります。それが真の人間関係だからです。

韓国人は人から物をもらうことが好きです。それは、「自分にはもらえるだけの力がある」と周りに示せるからです。物をあげることも好きで、それで「自分はそれだけ力がある」と相手に示すことができます。これが韓国人の本音です。小学校の教師の家ならばどこでも、父兄からの贈り物でいっぱいなのはそのためです。

韓国では、気前よく振る舞う人が「かっこいい人」なのです。お返しを期待せず、無条件で人を助けてあげる人が尊敬を受けます。そして、援助を受ける人は、受けられること自体が自分の能力になります。このあたりは、日本人とまるで違う考え方だと思います。

また、韓国には、子どもに対してお金をあげる習慣があります。親戚の子どもが家に来たり、親戚の家を訪ねたときに子どもがいると、お金をあげる。そのことが「多情な人」

という評価につながります。

以前、日本人の友達の子どもが小学生になったので、家に訪問した際、その子にお金をあげたことがあります。すると、友達から「あげないで」と怒られました。すごくショックだったのですが、「お金をもらうことがくせになるから」とのことでした。

子どもにお金をあげるのは、日本ではお年玉があります。韓国では、このお年玉が毎日の当たり前になっています。だから、あげるほうはいつでもお金を用意しておく。子どもだけでなく、親戚のおばさんやおばあさんがいれば、その人にもお金をあげます。

いまでも韓国に帰ると、いろいろなところに訪問するため、大金が必要になります。しかしこれは、本来は成功した人が成功してない人に与える、善なる行為なのです。

上から与えることが「助ける」こと

チップをあげることも、韓国の社会的な習慣です。ホテルやタクシー、酒場といったサービス業の人にチップをあげます。サービス業で働く人が、チップを収入とする伝統があるからです。

チップを多く与える人もまた、韓国では「多情な人」として高く評価されます。人を助ける理想の人であり、かっこいいのです。

ところで、「助ける」とは、どういう意味なのでしょう。どの国にも助け合いはあると思いますが、国によって、助けることの意味は、ぜんぜん違います。

韓国のような儒教の国は、成功した人やお金のある人が、お金のない人に対して無条件で与えることが「無条件援助」となります。人から尊敬されますし、優越感も感じられます。これによって生まれるのが、上下関係。上の立場から上の目線で人に与える、つまり助けてあげることが善なのです。

これには儒教的な背景があって、韓国人は「お金を貸してあげる側」になりたい、もしくは「下の者にお金をあげるような施しを行える側」の人物になりたいという願望を持っています。

要は、お金を貸したり、お金をあげられるということが、自分のほうが相手よりも上位に立っているという意味で、韓国人の理想の姿でもあるのです。

実際、友達同士で「私が成功したら、みんなにお金をあげる」とか「これもあれもやってあげる」と普通に話します。日本人からすれば、韓国人は情に厚く、親切心で友達を助けたいと思っているように見えるかもしれませんが、事実は異なります。

自分が成功してみんなよりも上の立場になったら、そういうことをしてあげられるわけで、これが韓国人にとっては生き甲斐なのです。お金を貸すのも、タダであげるのも、自分が相手より上の立場に立てるからだという心理があるからなのです。

逆に言えば、お金をもらえる自分のほうが偉くて、自分に価値があるから私にお金をくれるのだと考えるのです。

日本人の場合は、上下関係を生じさせてしまうことに、罪悪感すら抱くかもしれません。しかし韓国人には、そんな気持ちはありません。私はあなたより私は上に立てるよ、ということに快感を得るのです。

キリスト教の国には、「神様からいただいた恵み」を、恵まれていない人に無条件に与えていく施しの精神があります。そもそもは神の行為です。恵まれた人が恵まれない人に与えるということろは、儒教国家韓国と似ています。

しかし、日本の「助け合い」は、儒教やキリスト教の価値観と違います。日本の「助ける」とは「相互扶助」なのです。助けて、助けてもらう関係とはつまり、上下関係ではなく、対等な相互関係であるということです。

ですから、誰かを助けるときは、申し訳なさそうに「助けさせてください」と言います。助ける側が上の立場になっていないので、下の立場に置かれた気持ちで「どうかお願いだから助けさせてください」ということを態度で示していくわけです。韓国人からすると、この様子は、とても卑屈に見えて仕方ないのです。

韓国にも「相互扶助」という言葉はありますが、根本にある考え方は、上下関係を作りながらの無条件援助なのです。

第2章

「美」に対する感性の差異

自然的なものと人工的なもの

第1章では日本と韓国の習慣やコミュニケーションの違いを述べてきました。第2章では「美意識」について大きな違いがあることをご紹介したいと思います。

1つのものを見つめたときに、それが美しいのか美しくないのか、品があるのかないのか。日本人が美しいと思っていても、韓国人は思っていない。逆も然りで、日本人は「白」を美しく思っているのに、韓国人は「黒」を美しいと思っている、というほどに日韓の美意識のありかたは対極にあるのです。

まずは前提として、日本人は「どんな生き方が美しいのか」を重点に置いて生きているのに対し、韓国人は「どんな生き方が正しいのか」を大切にしています。

日本人は「あなたはみっともないですね」と言われると傷つきますが、一方で韓国人は「あなたは悪い人間ですね」と言われると耐え難く辛い気持ちになります。韓国人は善と悪をはっきりさせ、いかに正しく生きるのかを大切にする。それが韓国人のもつ美意識だと言えます。

その美意識を深掘りしていきましょう。まず韓国人にとっての「美」は、人工的なもの、派手なものを指す傾向が強くあります。左右対象で、華麗で、整っている。磨かれた故にピカピカと輝いていたり、花が満開に咲いていたり、鮮やかな色彩だったり……そういったものを好むのです。

第一級の美術品として鑑賞される高麗青磁や李朝白磁の美しさを、私なりにいえばこんなふうになります。

——自然な素材の生々しさをいっさい感じさせることなく、理想的な美の理念と寸分のズレもないように見事なばかりの整形をほどこした、非の打ち所もないほどに完成されたと感じられる美しさ——。

ところが日本人はまったく違います。人工的に完成された「美」ではなく、自然的なものを美しいと思うからです。分厚く化粧された肌より、地肌のままの美しさを重視する。また、不足しているものに対して「美」や「充足」を感じる。こうした「わびさび」の文化は、韓国人にはなかなか理解できないものです。

日本には、伊勢神宮のお社のように、自然のままの木肌の美しさを愛でる文化があります。それが「生《き》なり」の文化です。

来日したばかりのころ、「日本人は、ヒノキで作られたヒノキ風呂が好きですよ」と聞いたので、ヒノキ風呂のある温泉に行ってみたことがあります。当然、そこには白木の風呂桶がそのまま置いてある。慣れない私は「これは完成されていないものなのかな？ ピカピカに磨いて、ペンキでも塗ればいいのに」と思いました。

しかし、一緒に行っていた日本人の友人が「磨いたり色を塗ったりしてしまうと、せっかくのヒノキ風呂が美しくなくなってしまうよ」と言われ、驚きました。ヒノキがありのままの状態で使われているからこそ、ヒノキ風呂には価値があるのだと知りました。こうした「生なり」を愛でる文化は日本にしかありません。

日本人は「満開の花」は好まない

美の象徴となる「お花」を例に挙げてみましょう。お花といえば、韓国人が美しいと思うのは、「満開の花がいっぱいに咲き溢れている様子」です。韓国人は、その真ん中に自分の身を置くと気分が良くなるのです。

一方で日本人は、「満開もいいけれど、つぼみの花が好きです」と言う人がどれだけ多いことか。そしてつぼみの花を一輪挿し、それを見て「風情があるね」と言う。一体どういうことでしょうか。かつて韓国人の私からすれば、いくら考えても満開の花のほうが美しいに決まっているからでした。そう日本人に訴えても、「つぼみの花だけではありませんよ。しおれて落ちる花にも風情があります」と言われてしまい、さらに驚きました。

韓国ではしおれて落ちる花は縁起が悪いものだとされています。しかし日本人は、不思議なことに「これもいいですね」と感嘆の声を漏らしています。

こうした日本人に独特の情感は、振り返れば遠く古代にまで届くものです。

「春はただ花のひとへに咲くばかり　もののあはれは秋ぞまされる」（よみ人知らず『拾遺集』）

現代語に直せば、「春はもっぱら花がひたすらに咲く美しさがあるが、もののあわれを感じるには秋のほうがいっそうまさっている」となるでしょうか。春に堂々と表だって振る舞う生命に対して、秋にひっそりと忍びやかに佇む生命が対比されています。

この秋に象徴される生命の様子に触れたとたんに、いい知れない深い感動が湧き起こってくる。その感動が「もののあわれ」というものでしょう。

満開の状態を好む私は、桜を見ながら日本人に「これだけ美しいのだから、3カ月でも半年でも咲きっぱなしでいてほしい。そう思いませんか?」と聞いたことがあります。しかしその方は「わずかな一瞬、ときには1日で終わってしまう短い命に『もののあはれ』を感じるんです」と答えていました。

日本では桜の花が愛されていますが、韓国では国花の「ムクゲ」がそれにあたります。華やかではないですが、春から夏の終わりにかけて、散っては開いてを繰り返し咲き続ける花です。やはり韓国人は、そこに存在し続ける花に愛着をもつのです。

数年前に韓国の一流ホテル数カ所に泊まったことがあります。どのホテルのロビーにも、大きな花がありました。遠くから見ても目立つようなその花は、基本的に造花です。客室の中にあるきれいな花も造花でした。生花は、一カ所もありませんでした。ここには、「散る花を見たくない」という韓国人の気持ちが垣間見えたように思います。

一方日本では、一輪挿しや、草のような花が大層好まれています。特に茶花になると、満開の花が飾られることはまずないでしょう。つぼみの花や、葉のついた枝を飾るのが一般的です。

私はそれを見ながら、「これの何が美しいのか」と長い間思っていた時期があります。

日本人が好きな桜

韓国人が好きなムクゲ

日本の茶室と一輪挿し

しかし徐々に、この一輪挿しのつぼみの花を見ていると、「明日はどんな花が咲くのだろう」という気持ちになり、だんだん日本の一輪挿しが好きになってきました。それに加えて、ずっと満開の花を見ていても疲れる、と感じるようにもなってきました。

桜の花にしても、1週間も咲き続けていたら「もういい」と思ってしまう。そして今や私は一輪挿しの茶花にハマってしまい、家に飾っては楽しんでいます。野原に咲く花や、道端に生える草などを挿して、ずっと眺めていると未来性を感じる。そうしてやっと、日本のわびさびの気持ちがわかるようになってきました。

ところが、あるとき日本の茶室に招かれたときのことです。床の間に飾られている花を眺めていると、1枚だけしおれている葉があり、「どうしてしおれている葉がそこにあるのだろう。取り忘れたのだろうか」と不思議に思い、なんとなく気持ちがイライラしたわけです。

するとご主人が茶室について説明してくださいました。「今ここに飾っている花に、しおれた葉がついているでしょう。これは後1時間ほどで落ちてしまうと思います。最後の命の尊さをここに表現しました」と話してくれました。

今しか見られないわずかな命。それを「もののあはれ」と言うのでしょう。それを体現したのが、この茶室。おそらくこのような美意識は、日本にしかないものなのではないでしょうか。

私自身、このご主人の言っている意味すら最初はわかりませんでしたし、「わびさびの美」を理解するのにさらに数年かかりました。しかしハマってみると、なんだかんだでその美しさがたまらなくなるものです。

韓国では20代が一番美しい。日本では中高年のほうがきれい？

では「満開の花」が美しいとされる韓国で、女性が一番美しいとされる年齢は何歳でしょうか。やはり10代の女の子はまだ幼いかわいさがあり、みずみずしく美しい肉体を持っているのは20代でしょう。これは韓国に限らず、どこの国でも一番美しいとされる年代です。この時期に結婚相手を見つける方が多いのもそのためでしょう。

そして30歳を迎え、40歳、50歳と歳を取ると、だんだん萎れていき、肉体の美しさは軽減していくわけです。そしてどうしても20代に戻りたいという願望が強くなる人が多いものです。韓国で美容整形の技術が発達しているのも、韓国人の20代への憧れが強いからです。

しかし、日本では韓国の価値観とまるっきり異なります。もちろん、日本でも20代の女性が最も肉体的に美しいかもしれません。しかし、まだ未熟なのです。そこに精神的な美がプラスされて、女性の本当の美しさが現れる。それが、日本人の考える「本当の美しさ」なのです。

そのためいくら歳を取ろうが、そこには美しさが存在するものなのです。中高年の女性には、20代にはない品の良さがある。だから「あの女性はかわいいね」ではなく、「あの女性はなかなか品があって美しいね」という言葉が日本人の間ではよく使われるのです。

明治34～41年に、旧薩摩藩当主島津家の家庭教師として来日したイギリス人女性のハワードは、日本の女性は老齢化していく身に逆らわず身を任せていくが、西洋の女性はいろいろと人為的な方法を使って若さを保とうとすると述べ、次のようにいっています。

「しかし、これは一番いい方法であろうか？　秋も春と同じような魅力があることは確かであり、年をとればそれにふさわしい立派な精神的な美しさが具わるものである」（エセル・ハワード『明治日本見聞録』講談社学術文庫）

ハワードは、日本の女性たちが年を経るごとに精神的な美しさを具えていく様子を、老齢化の進む「彼女の顔には生活の闘いと苦しみから生み出された、優しさと辛抱強さの表情が浮かんでいるのが目につく」というい い方で表現しています。

これは私の体験談ですが、来日したばかりのころ、日本の割烹料理店を訪れた際、中高年の女性が着物を着てお皿を運んでいるのをみて驚いたことがあります。思わず男性に「このような中高年の女性が運んだ食事はおいしく感じられるものなのでしょうか」と聞いてしまったほどです。当然、男性は「もちろんですよ」と答えます。

韓国では、このような高級料理店では美しく若い女性が料理を運ぶことが普通です。そのサービスも含めて豪華なレストランになるわけです。

日本の夜の店・スナックでも、年配の女性がホステスとして働いていることに驚きます。50代や60代、ときには70代や80代の女性がカウンターの向こうでお酒を入れて、お客さんにサービスをしている。

一緒に行った日本人男性たちに「あのような年配の女性にお酒を注いでもらうと、おいしさが打ち消されるんじゃないですか」と聞くと、「いや、こっちのほうが味がある。おいしく感じられます」と答える。

もちろん、彼らは若い女性がいる店にもそれなりに行きます。しかしそれとは話が別で、年配の女性だとお母さんの店に行くように感じられて、何でも相談できて、気持ちが楽になれるというので私は驚きました。この感覚は韓国にありません。

また日本には、「女将《おかみ》さん文化」があります。旅館や酒場のお店では、表に中高年の女性たちが出て、お客様にサービスをしている。この文化は日本独自のものです。

パワーアップした60代や70代、80代の美しさにも日本人は重点を置いていて、だんだんと美しくなることが理想的とされている。そうした価値観が如実に表れている文化といえるでしょう。最近韓国でも、ＴＶやユーチューブなどで中高年女性の活躍が目立ってきましたが、「若い頃の自分は美しかった」と言いたがる人が多いです。

派手な色彩で輝いていることが好ましい

写真を見ながら、韓国の「美」について考察していきたいと思います。

こちらの写真は、世界遺産になっている「仏国寺」です。これは5つの色を組み合わせたものなのですが、韓国人にとって最も美しい色彩であり、品がある色だとされています。このような色の美意識は、韓国人の服装にどのように反映されているのでしょうか。

仏国寺

① 韓国・ソウルの南大門市場

写真①は、韓国・ソウルの南大門市場です。ここは日本人にも非常に人気のある観光地で、この中に伝統的な服が売られています。この写真は子どもの服ですが、袖部分に5つの色が虹のようになっています。これらは人工的な色ではありますが、韓国人にとって最も品のある色彩です。

写真②は、大人の民族衣装です。やはり大人の服でも、全体的にとても派手です。2色ではありますが、やはりここでも原色が使われています。このような色に、限りなく韓国人は風情を感じるわけです。

写真③も、韓国人は「品がある」と思っているのですが、おそらく日本人にとってはとても抵抗のある色彩なのではないでしょうか。こちらは、伝統的な民族衣装を現代風にアレンジし、普段着として着られるようになっています。

次の写真④の服装は、中高年女性の普段着です。

写真⑤をご覧ください。これは靴下ではなく、フットカバーです。韓国では、部屋は基本的に床下暖房になっているので、素足で部屋に入ります。日本人の場合はスリッパを履く場合が多いかと思いますが、韓国人はフットカバーを履くわけです。これはそのフットカバーなのですが、足元まで鮮やかな色ですね。日本人にとっては、とても履きたくない

② 原色が使われる衣装

③ 品を感じるという色彩

④ 冬の部屋着

⑤ フットカバー

⑥ 布団のカバー

ものなのではないでしょうか。

写真⑥は、布団のカバーです。おそらく日本人にとっては、あまりにも鮮やかな色でとても眠れない、抵抗のある色彩なのではないかと思いますが、韓国人にとってはよく眠れるのです。真ん中にある5つの色は、枕カバーのデザインです。これを枕元に置き、眠る。それが韓国人の理想なのです。

写真⑦は、韓国のお椀とお茶碗です。茶碗には、大体フタがあり、顔色がわかるほどピカピカに輝いています。そこから顔が見える。これが韓国人には品がある美しいものなんですね。

そしてこちらは、ピカピカに輝くステンレスのスプーンと箸です。韓国人にとってはとても品があるものです。

このように、食べるものや着るもの、肌につけるもの、そして見る花までもが派手な色彩で輝いている、というのが韓国人の好む感覚なのです。日本とはまるで違う色彩感覚を持っています。

日本は湿度が高く、風景はほとんどいつも靄がかかったような風土です。韓国で見る山も木々も、日本よりはいつもくっきりと輪郭だっているものです。紅葉は日本よりいっそ

⑦-1 韓国のお椀とお茶碗

⑦-2 ステンレスのスプーンと箸

郵便はがき

料金受取人払郵便

牛込局承認

8133

差出有効期間
2023年 8 月
19日まで
切手はいりません

162-8790

東京都新宿区矢来町114番地
神楽坂高橋ビル5F

株式会社ビジネス社

愛読者係 行

ご住所 〒 TEL: ( ) FAX: ( )		
フリガナ お名前	年齢	性別 男・女
ご職業	メールアドレスまたはFAX メールまたはFAXによる新刊案内をご希望の方は、ご記入下さい。	
お買い上げ日・書店名 年 月 日 市区町村 書店		

ご購読ありがとうございました。今後の出版企画の参考に
致したいと存じますので、ぜひご意見をお聞かせください。

書籍名

お買い求めの動機

1　書店で見て　2　新聞広告（紙名　　　　　　　　　　　）

3　書評・新刊紹介（掲載紙名　　　　　　　　　　　）

4　知人・同僚のすすめ　5　上司、先生のすすめ　6　その他

本書の装幀（カバー），デザインなどに関するご感想

1　洒落ていた　2　めだっていた　3　タイトルがよい

4　まあまあ　5　よくない　6　その他(　　　　　　　　　　)

本書の定価についてご意見をお聞かせください

1　高い　2　安い　3　手ごろ　4　その他(　　　　　　　　　　)

本書についてご意見をお聞かせください

どんな出版をご希望ですか（著者、テーマなど）

う色鮮やかです。韓国が、日本よりも湿度が低く、雨量も少なく、日本と比較すれば少々乾燥気味の土地だからなのでしょう。

韓国人が派手な原色を好み、日本人が中間色や地味な色を好むのも、そうした気候風土と関係していることも確かだと思います。

満月だけが美しいのか？

では、「形」に関する美意識はどうでしょうか。

朝鮮半島の人は、左右対称を好みます。真ん丸や真四角など、まったく歪みのないものに美しいと感じます。それに比べて日本人は、若干ずれていたり、何かが足りない、つまり左右非対称的なものに惹かれるのです。

その象徴となる例として、「月」を挙げたいと思います。雲1つもなくキラキラ輝く十五夜の満月。韓国人が大好きな「月」の様相です。

しかし日本人にとっては、満月だけが美しいわけではありません。たとえ満月であろうと、若干雲に隠れていたり、霞んでいたり、十三夜や十六夜など、少し欠けているお月様のほうが美しい。その価値観を日本人に教えてもらったとき、私は「それでも、十五夜の丸くて輝くお月様にはかなわないでしょう」と反発しながら驚きました。

「ちょっと欠けたところ」に風情を感じる感性、不足というか欠如というか、不完全な美しさにいっそう心が魅かれるのが日本人です。それに対して、派手で鮮やかな色彩、ピカピカした輝き、非の打ち所のない整形美にいっそう心が魅かれるのが韓国人・北朝鮮人です。

今、私は日本の大学で教鞭を取っており、日本人だけでなく留学生もいます。ここで毎年、学生たちに「満月でキラキラ輝くお月様と、少し雲に隠れているお月様。どちらがいいですか?」と聞く実験を行っています。

日本人の多くは「少し隠れたお月様がいい」と答えます。

それに比べて、留学生たち（特にアジア人が多い）に同じ質問をすると、誰もが「満月がいい」と答えるのです。もちろん十三夜や十六夜もいいけれども、やはり満月にはかなわない。私は十数年、毎年このように質問をし続けていますが、どの年も変わらずこのような反応が返ってきます。

十三夜の月

満月（十五夜の月）

バランスを保ちたいという感覚

「調和」という言葉があります。日本語には「和」という字が多く使われている言葉が多く、日本人は「和」が好きです。では、「和」にはどんなイメージがあるのかというと、「みんな仲良く」というところでしょうか。

このような「調和」を意味する言葉は、もちろん韓国にもあります。しかし、この言葉のあり方は日本人と韓国人の間では真逆なのです。

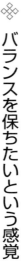

日本での「調和」は、「違う形をしたものたちが、それぞれ組み合わさり仲良くなる」を意味します。例えば自然にあてはめてみると、山や川、谷があり、平地、海がある。つまり花鳥風月です。色も形も違う、左右非対称のものたちが、それぞれ役割を果たしながら「和」を保つ。この状態を「調和」と呼ぶのです。

例えば「幸福感」の観点で見ると、日本人には「欠如による幸福感」というものを持っています。先ほど述べたように、お月様は十三夜や十六夜がいい。まん丸いものではなくて、若干満たないお月様に対して希望を感じる。日本語に「腹八分」という言葉があるように、お腹いっぱいにするのではなく、20%の空白がある状態が気持ち良い。

しかし韓国人は、満腹が一番幸せです。韓国における「調和」というのは、やはり左右対称であることを意味します。

自然界に当てはめてみると、昼には太陽があり、夜には月がある。その対極性に正しい美しさを感じるのです。季節で言えば春と秋、冬と夏。人間で言えば男と女。人間関係の上下や、善と悪。こうした正反対の二極がはっきりしてこそ「調和」だと考えるのです。

整形美というと、それは正しい形を意味しています。「美人」と「美男子」は、「チャルセンギョタ」と言いますが、左右のバランスが整った顔立ちの人を言います。ちょっと欠けていれば、それは正しくない美です。そういう感覚が韓国人の意識の底にあります。韓国人に整形したがる人が多いのも、そういうことと無縁ではありません。

人は道徳的な正しさ、完璧さ、理念的な正しさに向かって生きるべきだという儒教の教えが、美意識にまで影響を及ぼしているのです。

それゆえに、韓国人は少し欠けているものに対してとてもコンプレックスを持ちます。家族を例としてあげるならば、長生きしている長寿のお爺さんとお婆さんがいて、お父さんとお母さんがいて、息子と娘がいる。これが最も幸せな家族像です。

そのため親が離婚した、という状況に凄まじいコンプレックスが生じる。近年は韓国で離婚率が高くなっているため、そのような認識に限りませんが、やはり片親の元で育った子どもは気にしてしまうパターンが多いです。

片親に限らず、「うちには娘しかいないから息子が欲しい」という願望もあります。ここには「左右バランスを保ちたい」という感覚があるのです。

「かわいい」と「ずらし」

ファッションも例に挙げられるでしょう。近年、韓国ではファッションへの関心が強くなっています。これは日本による影響も非常に大きいのですが、今では韓国のほうがファッショナブルな印象があります。

どのようなファッションが好まれるのかというと、「いかにも○○らしい服装」。例えば秋になると、全身が秋の色になります。そして左右対称的な服を羽織る。それが「美しいファッション」なのです。

ところが日本では、季節感覚も「いかにも秋」という感じではなく、秋っぽい服装をしていたとしても、少し違うカラーを取り入れてみたり、形を左右非対称にしてみたりする。それが「かわいい」とされています。どこかずらそうとするのが特徴的です。

そして全員が共通している服を好むのではなく、「この人はこの服を着ているから、私は少し違うものを着てみよう」と思う。そしてあの人はあの人、私は私、という違いを作り、それが全体的に「和」となる。あまりにも左右対称、しっかりバランスの取れているものは、どこかで窮屈に感じてしまうのでしょう。

私の体験談になりますが、かつて着物を着る機会があり、有名な着物の先生に着せていただいたことがありました。そのときに着せてもらった帯が、お腹の前に最も美しい絵柄がくるようになっていました。

しかし先生は、この絵柄をお腹の真ん中から若干ずらそうとするんですね。私が真っすぐにしようとしたものの、先生は「若干ずらしたほうがかっこいいです」と言いながらずらす。バランスが悪くなるのではないか、と驚いたのを覚えています。

韓国人は「外面は内面を作る」とよく言います。だから、まずは外見をきれいに整える。人前に行く時は乱れがないように、服装もメイクもきちんとする。そして左右対象の美をつくるわけです。

この発想は、韓国における美容整形技術が発達した要因にもなっています。30年ほど前までは、日本のほうが美容整形技術が進んでいました。それがどうして今では韓国のほうが発展しているのかというと、韓国人は「バランスを整えたい」という願望が強いからです。

顔にしても、大抵の人間の顔は左右対称ではなく、どこかずれています。右目と左目は同じ形ではありません。これを韓国人は「よくないことだ」とし、左右のバランスを整えて美人になりたいと願う。そのため左右の目を対称的にしたり、鼻がずれないように整えたり、顎も左右のバランスをきれいにしたりする。

日本人なら、姿・形では、たいていは完全な均衡や左右対称を嫌い、わずかに壊して動きのある状態を好みます。また、正形・正統性に対して軽妙な崩しをしようとします。空間を飾りで埋め尽くさずに、空白・余白を残そうとします。規則的ではない、不定で流動的な動き、遊びやゆとりのある動きを好む曖昧さの美学があります。

ところで「八方美人」という言葉がありますね。日本では「誰にでも良い顔をする人」という意味で、あまり良い文脈で使われませんが、韓国では「どこから見ても完璧な美人。外見は申し分なくきっちりしていて、内面は知的で優しく素晴らしい」という意味を込めた最上の褒め言葉です。「あなたは八方美人ですね」と言われると、みな喜びます。私もその意味で日本人に「あなたは八方美人ですね」と褒めると、怒られたことがありました。

しかし考えてみると、意味は同じです。要するに「完璧」なのです。これは韓国や中国では良い意味として捉えられているのですが、日本ではそうではない。「形」への美意識が表れている良い例だと思います。

韓国のステンレス製のお茶碗は、日本人にとって「品がない」

日本と韓国、持っている美意識はまったく違うわけですから、私自身も日本人の美意識に理解できなかったことがたくさんありました。

特に日常生活の中に多くあり、例えば食器。来日したばかりのころ、日本人から「韓国へ行くと焼肉とキムチはおいしいけれど、あの食器、何とかしてくれませんか」とよく言われました。

韓国では茶碗とお椀、スプーン、お箸はステンレス製なので、日本人からすると「品がない」と思うわけです。その価値観の違いを知ったとき、かなりショックを受けました。近代以前、一般庶民は食器に何を使っていたかというと、日本の陶磁器のようないいものではなく、粗末な砂器の食器でした。

それに対して上流の人たちの食器は何だったかというと、高価な真鍮で造ったものでした。それは金色にキラキラと輝く、まさしく朝鮮半島人好みの美しさ、庶民にはとても手に入れられない高嶺の花でした。銅の成分が多くて磨かないと錆びるのですが、磨けば磨くほどキラキラと輝きます。庶民たちのあこがれの的でした。

一般庶民は近代に入ってもなお、このキラキラ輝く真鍮製の食器にずっとあこがれ続けてきたのですが、戦後にある企業が開発して磨かなくてもキラキラと輝く食器を考え出したのです。それがステンレス製の食器なのです。

磨かなくても美しく輝くステンレス食器、これが普及したのは私が子どものころでしたが、あっという間にどの家庭にも行き渡っていきました。どの家の台所をみても、ステンレスの食器でピカピカ輝いている。子ども心ではありながら、「ステンレスの食器はなんと美しく品があるのだろう」と思っていて、日本に来る20代後半まで、この食器に品がないなどと思ったことはありませんでした。

そのため、ステンレス製の食器に品がないと言っていた日本人に、「では日本で品のある食器とは何ですか」と聞いたところ、非常に大事そうに見せてくれたのが茶器でした。おそらく備前焼か信楽焼だったと思います。このどす黒くて形がクネッと曲がっているものについて、彼は「物によっては1万円のものもあれば、100万円するものもある」と話していたのが忘れられません。

私の目には、いくら見ても品がなく、まるでペットの犬用の茶碗のようにしか見えなかったからです。私からするとまったく良いと思えないものが、日本では品があると思われている。どうしても理解できませんでした。

韓国では、ステンレスの茶碗とお椀だけでなく、お皿やコーヒーカップにしても、すべて統一された色や柄と形に安らぎを感じます。1つ四角いお皿があればほかもすべて四角。あるいは丸いお皿ならば、ほかも全部丸い。違うのは大きさだけです。

そしてすべて統一されたものが食器棚に整然と飾られたとき、非常に安らぎを感じるのです。しかし日本の家に行ってみると、すべてのお皿の形や色合いが違う。まったく統一されていません。

あるとき、日本人の家を訪問し、お茶を入れていただいたことがあります。そのときのご夫婦の湯呑がそれぞれ違っていました。「自分はこれが好きだから」と別々のものを使っているようです。そして、もちろん私の湯呑もまったく別のものを出されました。

私はイライラしてなりませんでした。同じものを使えばよいのに、という気持ちでいっぱいになったのです。韓国ならば、みんな同じものを使って安らぎを感じるはずなのに、と。このときの感情を今でも鮮明に覚えています。

「もっと食器を集めたい」と追い求める

それから私は「自分で体験しなければ」と思い、旅行に行くたびに食器売り場に行き、お皿や湯呑みを買い集めるようにしました。そこで意識していたのが、できるだけ形が分厚くて、くねっと曲がったどす黒い色を探すことと、セットではなくひとつひとつを買い集めることでした。

そうしているうちに、いつのまにか私の家の食器棚がどす黒い食器ばかりになりました。形もバラバラで、左に曲がっているものがあれば、右に曲がっているものもある。すると私の感覚もだんだんと変わっていき、「もっと違う色や形の食器はないかな」と思うようになり、食器を探し歩く機会が増えました。

そして置き場所もなくなるほど食器が増えて行く。まだまだ探したい。韓国では、食器棚が一杯になると、同じお皿やコーヒーカップばかりを持っていたため、「もっと集めたい」という気持ちになりませんでした。新しく買うのは、壊れてしまったときくらい。しかし、色や形の違うものを集めていると、「もっと欲しい」という気持ちが止まらなくなってくるものです。

もっと良いもの、もっとおもしろいもの、と探しているうちに、興味深い日本文化を追求している感覚になって、非常に楽しくなったものです。

この「追い求める」という行為について、例えば学生たちが「100点を取りたい」と一生懸命勉強をしているように見えないのは、この特質からなのではないかと思っています。

韓国では、学生は100点を目指してなんとか頑張ります。「クラスの中で成績が1番になりたい」だけでなく、「この村で1番の大金持ちになりたい」「誰よりも上にいきたい」というような気持ちも強いし、競争も激しい。

ところが日本人は1番になると後がなくなってしまうから、2番目がちょうどいいとか。これは「完成」「完璧」を求める韓国人とは違う価値観です。

この経験から、それまで謎だと思っていた日本人の美意識が見えてきた気がしました。なぜ日本人がつぼみの花が好きなのか。それは満開の花になってしまうと、そこですべて終わってしまうからなのですね。

明日はどんな花になるのだろう、という期待感を持っていたい。私も、徐々にそのような価値観を持つようになってきました。

日本人の好みの特徴は、生命のように常に動いているもの、動きを感じさせるもの、未来を感じさせるもの、10であるよりは8とか9とかの状態にあるもの——そう言われていることが今では理解できるようになっています。

100パーセント完成された美や精神よりは、未完成でも常に動くことをやめない精神状態のほうがいい、精神が停止してはだめなのだ、ということかもしれないな、と思います。

日本人はよく、「人並みの暮らしがしたい」と言います。ところが韓国人は「他人より良い暮らしがしたい」と言う。全然違う感覚があります。

「欠けているものを埋めたい」と思うと、脳の動きが止まらなくなるものですし、ここには非常に未来性があります。明日への期待が止まらなくなっていく。限りない未来への発展が期待される、ということを感じられました。

今や私もこの生き方を仕事などに当てはめてがんばっていこうと思っていますが、やはり日常にこうした余白を設けていると、だんだん楽しくなってくるものです。

今やおいしく感じられる日本の伝統的なコーヒーカップ

さて、写真⑧-1は備前焼です。私が持っているお菓子用の器です。かつていただいたときは「なんだこれ」と嫌になるくらい嫌いなデザインだったのですが、今やこの形が大好きになりました。これもどす黒く、くねっと曲がっています。⑧-2は旅行に行くたび、このようなお皿を買って集めています。

さらに鹿児島に訪れた際に買った、薩摩焼のコーヒーカップです。韓国人にしてみれば、「このようなコーヒーカップで飲みたくはない」と思うでしょう。

こちらもコーヒーカップです。織部焼です。このコーヒーカップも、今や私がこの上なく気に入っているものなのですが、大体の韓国人は「これでコーヒーを飲むとみすぼらし

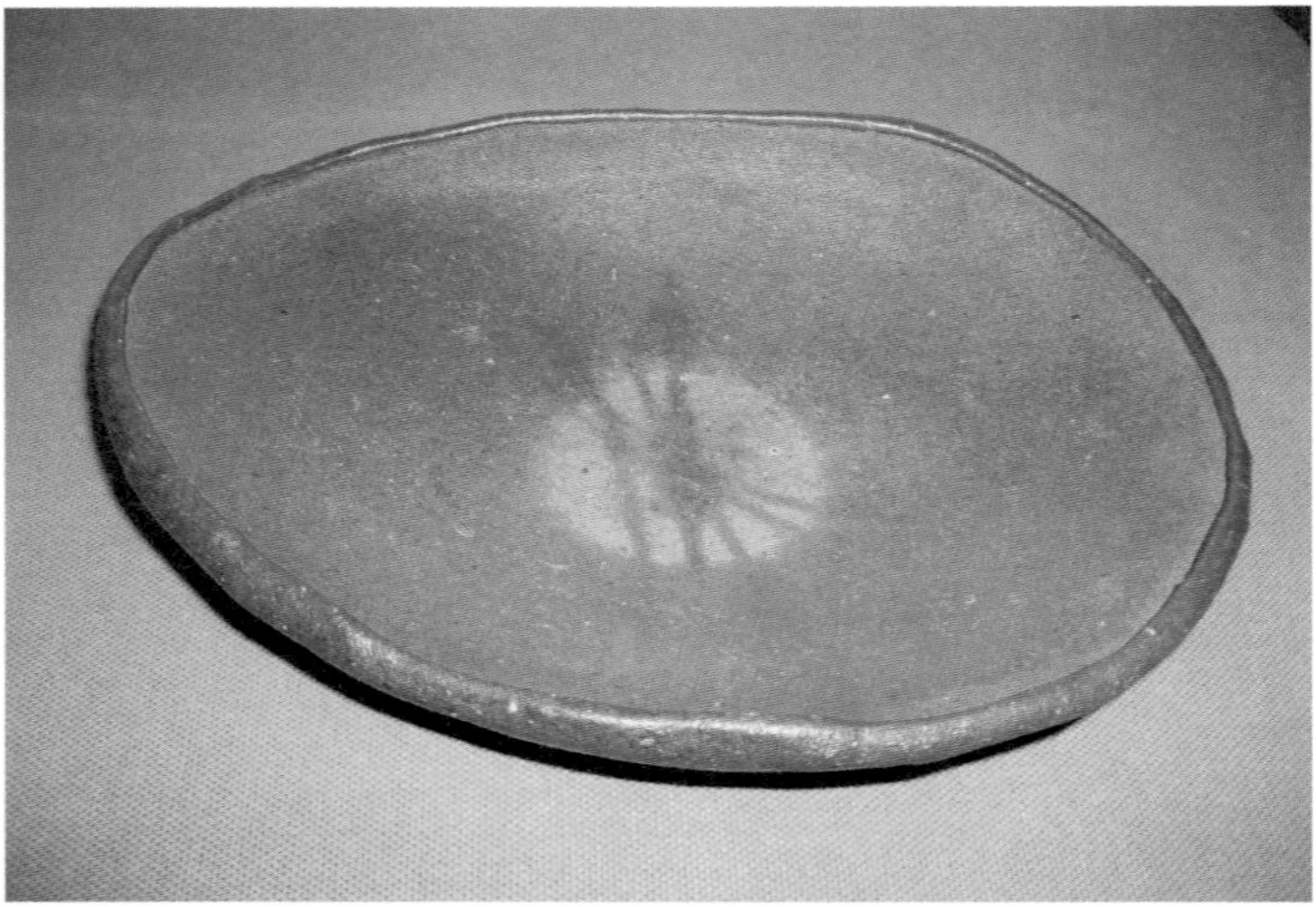

⑧-1 備前焼のお菓子用の器

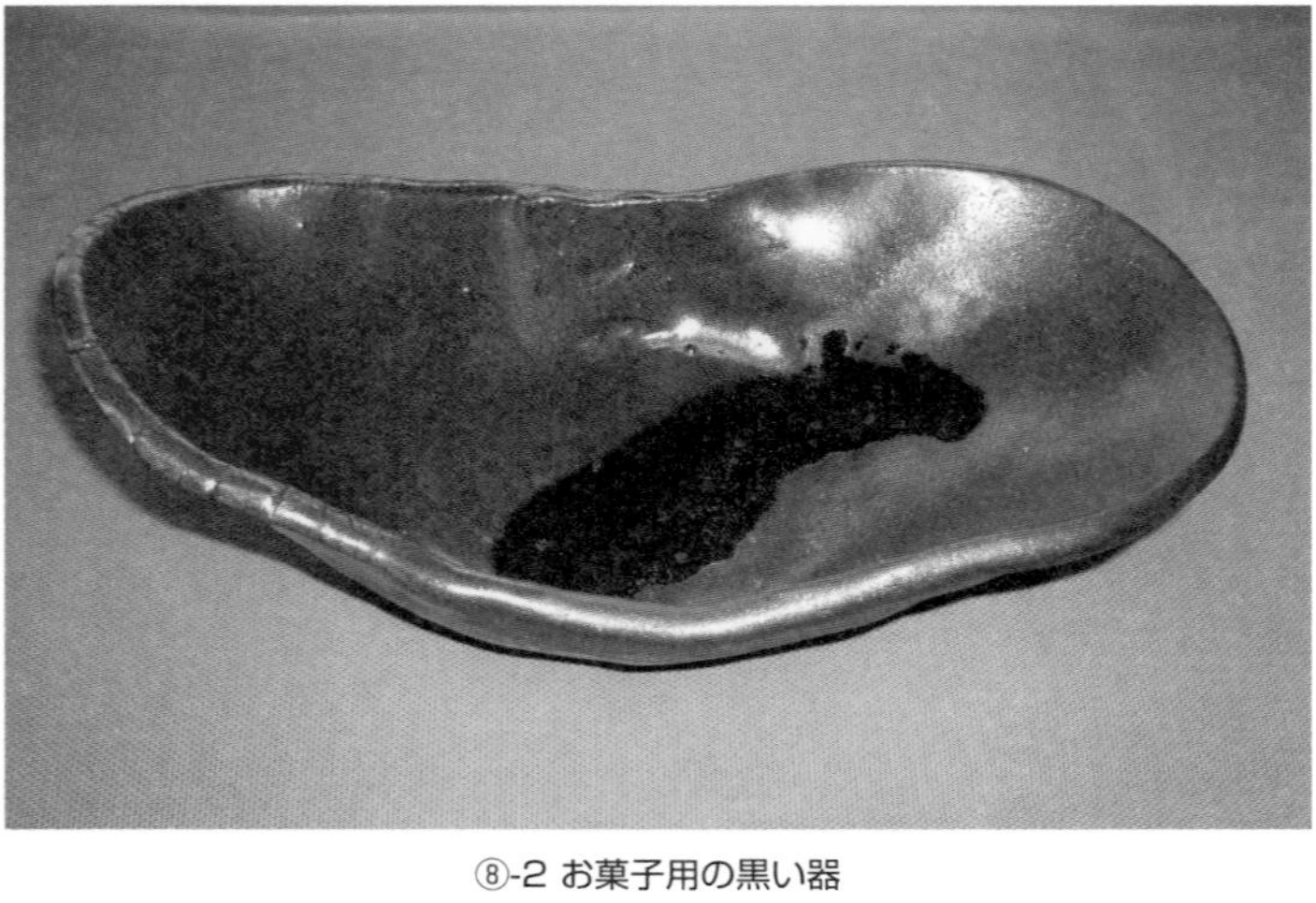

⑧-2 お菓子用の黒い器

薩摩焼のコーヒーカップ

織部焼のコーヒーカップ

⑨ きれい侘びの茶碗

⑩ 韓国のコーヒーカップ

い」という感覚になるのではないでしょうか。

しかし今の私は、このようなカップで飲まなければおいしいと感じなくなってしまいました。

写真⑨は、茶の湯に使われる茶碗ですが、少し派手ですね。このようなわびさびの世界観に華やかさを足したものを「きれい侘び」といいます。季節感覚がデザインにも表れていてきれいですが、やはり少し形が曲がっていて、むしろそこに風情すら感じる。非常に日本的な感覚ですね。

写真⑩は、韓国で買ったコーヒーカップです。丸くて、ゴールドのメッキで覆われたカップ。日本人の目にはどう映るのでしょうか。

少なくとも韓国人にとっては、非常に高価で品があるものに見えます。お金持ちのお家にお邪魔したら飲んでいそうで、多くの方が理想とするコーヒーカップですが、おそらく日本人には品がないと思われてしまうのでしょう。

日本人的な感覚になってしまった私にとっても、少し落ち着きません。あまりおいしさを感じないようになってしまっている。日本の「わびさびの美」にすっかり染まってしまっているのです。

日本の茶器にしばしば見られる器の歪みは、李朝白磁の不完全製品としての歪みにヒントを得たともいわれます。しかし、その歪みに着目してそれを美的な表現として取り入れていったところには、少なくとも自然に生じた歪みを美しいと感じとる精神性が内面にあったことを物語っています。

そして、そうした表現が多くの人々にも美しいものとして受け入れられて現在にいたっていることは、縄文時代の精神性あるいはあの独特な歪みをもつ縄文土器への美的な感受性が消え去ることなく、今もなお個々の日本人の内面に共通に抱え込まれているからだと言えるでしょう。

日本人には美人が少ない?

ところで、日本などでは「韓国人の女性は美人」というイメージが強いと思いませんか。韓国がそんな「美人大国」になった理由は一体何でしょうか。

韓国では、接客業ではなくとも、社会の表舞台で仕事をしている女性は、スタイルが良く、肌がきれいで、美人が多いです。

大韓航空やアシアナ航空のスチュワーデスにはじまり、空港カウンター、ホテル、レストランやコーヒーショップで働く女性、ビジネス中心街のOL、デパートの案内嬢、専門店の売り子と、行くところ行くところ、みな先端のファッションを強く意識した美人ばかりがそろっているのです。いきおい、華やかさの世界が広がっていきます。

こんなふうに、韓国では社会の表面に立つ仕事をする女性には、日本とは比較にならないほど美人優先の考えが徹底しています。こんな環境にある者がそのまま日本の風土に転じれば、日本はあたかも「不美人病」にかかっているかのような印象がやってくることにもなるのです。

今では韓国人といえば美肌のイメージが強いようです。陶器のような肌で、特に女性の肌がきれい。日本の化粧品も、宣伝のキャッチコピーは「韓国で一番売れている」という文言が多いですね。そして思わずその言葉を信じて、惹かれてしまう。日本に限らず、東南アジアでも「韓国の女性のような肌になりたい」と思う方は多いようです。

まず、韓国では外見で勝負する文化があり、「見た目が8割」ともよく言われます。初めて会った印象ですべてが決まる。美人でおしゃれだからこそ、次に内面を知りたいと思う。いくらすばらしい言葉をもっていても、その人が美しくなければ聞こうとは思えない。

そのため韓国ではおしゃれできちんと見た目を整えている方が多いです。男性の場合はネクタイ姿の方が多いのですが、そうしなければどこか貧弱に見えてしまい、バカにされてしまうからです。

韓国では、「人前に出るときは乱れのない格好で」というのが習慣です。頭のてっぺんからつま先まで、身だしなみを整え、可能な人はブランド品ですべてを覆う。

例えばテレビに出演する女性、特にキャスターなどを見ると、もう完璧な美人です。外見は美しく、おしゃれなスーツを身にまとい、言葉も上手。これを韓国では「八方美人」というのです。

「美」へのスタンダードが高い韓国人が日本に来ると、やはり日本人がだらしなく見えてしまうそうです。日本を批判する韓国人は、よく「日本を歩いていても美人がいない」と言います。

確かに日本のニュースキャスターは、最近はスーツを着ていませんし、ワンピースやふわふわとしたブラウスにフレアスカートを着た女性が、政治や社会問題について情報を伝えている。

それに日本人は小柄で、ソフトな顔をしている。やはり今の私がみても、「迫力を感じないな」「スーツを着ればいいのに」と思ってしまうのです。

また、韓国人は美人への評価も非常に高いです。女性に「美人ですね」と伝えるのは、最上級の褒め言葉になります。そして言われたほうも嬉しくなる。なぜなら美人だというのは最高の価値だからです。

それゆえ、韓国では美人でなければ極めて生き難いのです。特に、初対面で会うとき、女性は「自分は相手と比べて美人かどうか」を測ろうとします。その人と会った後でも、「あの人は美人だった」などと話題になるくらいです。

そしていくら内面がすばらしくても、美人にはかなわない。私自身、韓国にいたころはそういうことで非常に疲れたものです。日本に来てホッとしました。

きれいな目に厚い化粧をするというポイント

韓国人は、自分の良いところをさらに強調します。完璧に仕上げた美人であることを前提に、その上で自分に良いところがあれば、アピールを抜かりなくする。

例えばきれいな目に厚い化粧をしたりする。これが韓国式の化粧ポイントです。そうすれば自信がつくし、気合も入ります。日本人の場合はあまり目立たせることはせず、韓国人からしてみれば「せっかくきれいな目を持っているのに、目立たなくてもったいない」と思われてしまうのです。

以前、私の知り合いの韓国人が私の家に来たことがありました。彼女は非常に美人で、いつも厚化粧をしている。そして目がきれいな形をしていて、そこにはことさら厚い化粧を欠かしません。私は彼女の姿を見ては、いつも「羨ましいな」と思っていました。

そこに日本人の知り合いも合流したのですが、解散後に日本人の方から「彼女はとてももったいない。あれだけきれいな瞳を持っているのに、どうして濃い化粧で隠してしまうのか」と言われたのです。非常に驚きました。

私の中では、彼女は厚化粧をすることで良いところをより魅力的に目立たせているのだ、と思っていたのです。しかし日本人の知人は、「あれだけ美人ならば、ナチュラルにメイクをしたほうがよいのに」と話していたのでした。

私自身の話にはなりますが、私にはそこまで目立たせる場所もなく、パッとしないことで悩んでいました。私も自信の持てる場所を強調したい、という気持ちでいっぱいでした。

そのため、私は若いころスリムだったため、「ここしか目立たせるところがない」と思い、厚いベルトでぎゅっと締め、「私の腰はこんなに細いよ」と言わんばかりに細さを強調するようにしたことがあります。すると友人に「窮屈そうに見える」と言われ、非常にショックを受けました。「ここしか目立たせるところがないから」と返すと、「それなら隠したほうが魅力的だ」と。

私は長い間、日本の美しい女たちの、あまりに地味な身の処し方を不思議に思っていました。彼女たちは自分の美しさをよく知っているはずです。しかし、彼女たちの美は私との間に壁を作らない、それと意識させることのない美なのです。

日本の美人には、そうしたふるまいが自然に身についているのです。きっと、私に限らず誰でもが、ことさらに彼女を美人と意識することなく、気楽な心で応対できるに違いないと思えました。

ここには、「韓国には美人が多い説」を大いに盛り立てる結果を生み出す、日本側の事情が見えています。自己表現の仕方が正反対なのです。

自分の美形をより強調して表現し、他者との差別化を一層はっきりさせようとする韓国の美女たち。自分の美形が表立つことによって他者との間に壁ができることを恐れ、できる限り華やかな装いを避けようとする日本の美女たち。韓国に美人が目立つのは当然のことなのです。

「美人」よりも「かわいい」が褒め言葉

日本人は、初対面で「あなたは美人ですね」と言われると、ひとまずは「いえいえ」か「ありがとうございます」というものの、さらにこちらがより強調して褒めようとすると、なぜか話を逸らしてしまいます。

自分が美人であることを強調したくない、あるいは自分に視線を集中させたくない。かなりの美人なのに見せようとしない。そこに日本人の「美」への価値観が表れています。ちらっとみえるので、「チラリズム」なんて言い方をすることもあります。韓国人ならば「美人ですね」と褒められようものなら、「もっとみんなが私に集中してほしい」「もっと言われたい」と思うものなのです。

しかしよくよく見てみると、私は日本人のほうが美しく、肌もきれいだと思います。その理由は、韓国は非常に寒く乾燥していて、肌荒れしている人が多いからです。日本はいつも湿度が高いため、肌が潤っています。そのため、日本人には美人が少ないというのは、「最初に見たときに目立たない」ということなのではないでしょうか。

それに、日本では「美人」よりも「かわいい」が褒め言葉になっている傾向もあるでしょう。韓国で「かわいい」というと、「幼い」という意味になるので、喜ばれません。大人の女性には使ってはいけない言葉なのです。

そもそも「かわいい」という言葉は、より古くは「痛わしい」とか「ふびんだ」といった憐みの気持ちを表していたものだったようです。それが、時代の流れのなかでだんだんと慕《した》わしい愛情を表すように変化していったといいます。

愛と憐れみが区別のない1つの感動としてあった時代が、かつて存在したのでしょう。「憐れみ」は同情のことではなく、小さな存在をいつくしむ愛の心です。日本人はそうした存在を「かわいい」と言い慣わしてきたのです。

私自身、来日当初は日本人女性がだらしなく見えていました。しかし、長く日本に住んでいると、韓国人よりも多様な美人が多いと思うようになりました。

韓国では、美人の基準が決まっているかのようです。そのため、韓国人女性は全員「同じ理想」に向かっていく。そのためミス・コリアの選抜大会では、候補者たちの顔がほとんど同じように見えてしまうのです。時代の流れなどもあり、流行の美人顔があり、そこに向かっていくのが韓国人なのです。

日本人の場合はバラバラで、それぞれが自分だけの個性を生かしているので、必ずしも美人ではなくとも、「かわいい」と言いたくなるような魅力的な特徴があったりする。

日本では「美人」というのが最上の価値ではなく、人柄などに魅力を感じ、重きや価値を置く。そのため、ミス・ジャパンの存在感も極めて薄いです。やはり戦後、女性たちの反発も大きかったようです。

その意味で、韓国のミス・コリアや東南アジアのミス大会は、女性にとって最高の価値があり、「彼女はミス・コリアに出場したことがある」だけでも大きな価値となります。日本にはまったく違う価値観が根付いているわけです。そのため日本に美人が多いということを発見するには、時間がかかってしまう。韓国人の「美」に対する執念が日本とは丸きり違う、ということがおわかりいただけたと思います。

第3章

男と女と、家族の在り方

日本で再ブームの韓国ドラマ

新型コロナウイルスの影響で、家にいる時間が非常に長くなりました。映像コンテンツが流行っていることもあり、日本では韓国ドラマがブームとなっています。

韓国ドラマは、日本のドラマに比べて、放送時間が結構長いです。連続ドラマの1話あたりが1時間ほどあるので、長時間家にいなければならないとき、暇をつぶすのにぴったりなのです。

そんな背景から、日本での韓国ドラマの再ブームにつながっているのではないかと、思っています。

２００３年頃の冬ソナ（『冬のソナタ』）を皮切りに、日本では韓流ブームが始まりました。

冬ソナのモチーフは、明らかに「大人向け少女ロマン」の世界です。宝塚から少女漫画への流れのなかで、日本に根付いてきたジャンルといってよいでしょう。もちろん、韓国にはなかったものです。

日本では15歳以下向けの内容の少女漫画を大人の女性たちも読みます。しかし15歳以下向けの内容がそのまま、20代の大人たちを登場人物とするテレビドラマで展開されることはなかったでしょう。指が触れ合うだけで胸がときめくという、そこまでの純愛となると、登場人物はまさか20代というわけにはいかないと考えられたからです。

冬ソナが「そこまでの純愛」を大人が主人公となるドラマで展開したのは、日本では破格的なことだったかもしれません。しかし韓国では別段珍しいことではなく、そもそもはそれが韓流恋愛ドラマの「様式」なのです。

韓流ブームはやがてドラマだけでなく、食べ物など、あらゆる分野に広がっていったのですが、朴槿恵政権時代（2013年2月~2017年3月）に入ると状況は一変。韓国人の反日感情が高まり、韓流ブームは少し途切れてしまいました。それが再び、新型コロナウイルスの流行で再燃しているということになります。

ドラマでは、男女関係を描く物語が多いので、それに関連しつつ、第3章では「男女関係のあり方」を紹介したいと思います。

韓国ドラマは、主に3つの種類に分けられます。恋愛、家族、そしてアイドルをテーマにしたドラマです。もちろん、その中には歴史物語などもあるのですが、まずはこの3つが非常に人気です。

そこには、日本の社会と似ていながらも、やはりどこか違う韓国のあり方が描かれています。

それは、古き良きアジアの家族主義、格差社会、経済的な格差などなど。日本と似ているのに、どこか違う。なぜ？　という心のギャップが、日本人にとって刺激になっているのではないでしょうか。

ほかにも、画一的な朝鮮半島の美意識も、刺激になるのでしょう。ドラマに出演しているのは、美しい女優や俳優、アイドルばかり。そうした画一的なまとまりが、日本では見られない点で魅力的に映ったのではないかと、分析しています。

そしてもう1つ、日本人にとって大きな刺激となったのが、韓国人の恋愛模様です。これは、日本人がなかなか触れることのないものです。

最初に韓流ブームが起きたのは2003年ごろのことですが、それから韓国人男性との恋愛を望む日本人女性が非常に増えました。実際に結婚までするカップルが増えたのも事実です。

いたるところで男性が女性を誘う

では、どうして日本人の女性にとって、韓国人の男性が魅力的に見えるのでしょうか。韓国人男性は、どんな魅力を持っているのでしょうか。

まず韓国人男性が日本人男性と違うのは、女性の誘い方です。

韓国の男たちは、断られても断られても、相手が折れてくるまで何度も何度も誘うのが普通です。男はどこまでも執拗に誘い、女はたとえ相手を気にいっていたとしても強く断る。最低でも2、3回は断り、4、5回ほども断るのは韓国の女の常識です。

男の誘いに簡単に応じる女は、尻軽女以外の何ものでもありません。強く何度も誘われて、「私のことをそこまで思ってくれるなら」と折れるようにして応じることで、女は自らの価値を高め、男はその高い価値を手にした満足感を得るのです。

もともと、日本も韓国も、伝統的にお見合いをして結婚をするという文化がありました。戦後になると、日本では恋愛結婚が増えてきて、韓国もその後を追いました。

いずれにしても、恋愛結婚は伝統的な文化ではないため、日本人も韓国人も恋愛が下手です。それに加えて、西洋のように男女が出会うシチュエーションがそれほど多くはありません。

しかし、実は日本よりも韓国のほうが、男女の出会う機会ははるかに多くあるのです。それを知った日本人は「西洋のように男女のパーティーが多いのか」と思うのではないでしょうか。しかし、そうではないのです。

韓国では、いたるところで男性が女性を誘うのです。例えば、長距離電車。隣に若い女性が座っていたとすると、すぐに声をかけます。ガムをあげてみたり、「ボールペンを貸してくれませんか」と何かしら言ってみたりして、なんとか声をかけては女性を口説こうとしています。

女性も女性で、男性から声をかけられるために、自らいろんなシチュエーションや仕草を仕掛けていきます。例えば、雨の日。女性はあまりに、傘を持ちません。

そのため韓国では、突然の雨は男性にとってのチャンスの瞬間になります。雨が降っているときに女性が濡れて歩いていると、男性は自分から傘を差します。そうすれば、女性と接近できるからです。

男性は傘を差しながら、「どこまで行かれますか」と聞く。そして、その目的地点までのわずかな距離を歩きながら、女性に対して「後ろ姿がとても美しいですね」「雨に濡れているあなたの姿がとてもいじらしいです」など、ありとあらゆる甘い言葉をかけていくわけです。

その流れで電話番号を交換して、関係を発展させる。そんなことがよくあるのです。

ちなみにその延長線上にある話として、韓国では普通1人で傘も持たずに雨の中歩いている人がいれば差してあげるのがマナーになっているくらいです。

そのような慣習があるため、私は来日して随分月日が経った今でも、傘を持たない癖が抜けないでいます。韓国のほうが雨が降る日が少ないということもありますが、来日した今でも傘を持って歩くことは少ないです。

しかし驚くことに、日本では今まで、誰かに傘を差してもらったことが一度もありません。「日本人はなんて冷たいのだろうか」と思ったことがあります。

コーヒーショップは口説きに最適

ほかにも、韓国人男性にとって、口説くのにうってつけの場所があります。

それは、コーヒーショップです。大きなコーヒーショップで、女性が1人で座ってコーヒーを飲んでいると、ふと男性が現れるのです。そして「前の席に座ってもいいですか」と声をかけてきます。

こちらが「今は友達を待っているんです」と言っても無駄です。相手は「では友達が来られるまで、少しだけ」と引き下がらず、わずかな時間で甘い言葉をどんどんとかけてくるのです。

そして、「あなたの姿はとても美しいですね」などいろいろと言われて、なんとかメールアドレスや電話番号を交換する。韓国では、こうして自然と出会いが訪れるものなのです。

そのため声をかけられたとしても、その女性が特別だから、というわけではありません。これが彼らにとっての普通の出会いなのです。

韓国の男たちの「情熱的なロマンチスト」ぶりは、今にはじまったことではありません。そもそもの基盤は、「女たる者、貞節で身持ちが固くなくてはならぬ」という韓国の伝統社会にあります。

正妻以外に第二、第三の夫人や愛人を求めた王朝貴族たちは、かの貞節なる女たちをいかに口説き落とすかをテーマに、こぞって「情熱的なロマンチスト」たるべく身を処していきました。かつては詩文や酒席で示された彼らの「口説きの術は男のたしなみ」の精神を、現代韓国の男たちはそっくり引き継いでいるのです。

一方日本では、私の体験談でいうと、コーヒーショップでコーヒーを飲んでいて、それも長時間だったにもかかわらず、誰からも声をかけられないことが普通にあります。そこで、「私は日本ではなんとモテないのか」と悩んだものです。

日本人男性にその話をしてみたところ、彼は「日本人男性はシャイだから、なかなか韓国人男性のような振る舞いはできない」とのことでした。たしかに、日本のコーヒーショップで女性に声をかけている男性は、周りから注目されて目立っています。それなりの覚悟が必要なのかもしれません。

気に入った女性を逃すのはみっともない行為

そんな日本人男性とは対照的に、韓国人男性は一度狙った女性は絶対に逃しません。極端な例でいうと、韓国人男性が街を歩いていて、ある女性に一目惚れをしたとします。

すると、男性はどこまでも女性についていく。電車の乗り換えまでもついてきて、ついには家まで来ます。

もしもその日に失敗したら、次の日も同じところで待つ。そうしてしつこく誘っていくのが、韓国人男性のやり方です。

それに対して、女性はどのような反応をするのでしょうか。「まずは断る」です。仮に「おそらくこの男性は素敵な人なんだろうな」と思ったとしても、絶対にその場でそんなことは言いません。

大体の場合、そこで怒りながら断ります。日本人男性なら、険しく断られたとしたら、もう2度と誘いたいとは思わないでしょう。

しかし韓国人男性は、そこで決して諦めはしません。10回、20回、あるいは100回断られたとしても、自分が気に入った女性は逃さないのです。

韓国には「10回叩いて折れない木はない」ということわざがあります。これは男性が気に入った女性を誘うときに使われる言葉です。

つまり、自分が気に入ったにもかかわらず、その女性を逃してしまうのは、男としてはみっともない行為なのです。

そのため、いくら女性に怒られて反発されたとしても、そんなこと男性にとっては痛くもかゆくもありません。とにかく誘って、誘って、誘いまくる。さすがに百回も誘えば、女性もどこかで折れるでしょう、というのが男性の認識です。それが、韓国の男女関係の始まりなのです。

このような様子は、韓国ドラマにもよく出てきます。以前観た韓国ドラマが、社会人の男性が大学院生の女性に惚れるという物語でした。

その中で、いくら男性が誘っても、女性は男性のことを気に入らず、非常に嫌に思っている。「嫌、嫌、嫌」と言いながら怒って逃げているのに、翌日になると男性はまた姿を現すのです。

そしてやっとの思いで自分の車に女性を乗せることができ、男性は公園に連れていきました。すると次は、女性をバチバチと写真に収め始めます。そしてその写真をすべて部屋に飾って、毎日彼女の顔を眺めるのです。

そして次は毎日彼女に電話をかけ、学校の前でも彼女を待つようになります。

そうして長い間アプローチをしていたのですが、どうもうまくいきません。そのため、いよいよ彼も「もうだめかな」とあきらめようとします。すると、次は女性のほうが焦り始めるのです。そして女性から連絡をし、2人の仲はなんとかうまくいき、最終的に結婚することになります。

このドラマは、しつこく男性から誘って恋愛が始まる、という韓国の男女関係のあり方をわかりやすく描いていると言えます。

そんな執拗な誘いが当然という事情があるため、韓国の男の女へのアプローチは、エスカレートすればするほど、限りなく日本でいうストーカー行為に近づいていくことになります。

韓国でもストーカーが大きな社会問題となっていますが、日本のように「ストーカーまがい」のものまで問題にされることはありません。それを問題にしたら、韓国の男の大部分がストーカーになってしまうでしょう。

『冬のソナタ』でも誘い方がしつこい

有名な韓国ドラマ『冬のソナタ』は、ソフトな恋愛関係を描いているかのように見えるかもしれませんが、そんなことはありません。

ペ・ヨンジュンの演じる男性はチェ・ジウが演じる女性をしつこく誘っているのですから。もちろん、その誘い方は極めてソフトなので視聴者は気づきにくいのかもしれませんが、そのアプローチは連日に及んでいるのです。

毎日続くメールのやりとりで、男性は熱烈な愛の告白をしています。仕事中にもかかわらず、です。そして実際に会うときは花束やプレゼントを差し出し、「愛している」「結婚してくれ」と言葉にする。出会って間もないのにもかかわらず、このような言葉を堂々と口にするのが韓国人男性です。

一方女性のほうはといえば、最初は断り続けてはいるものの、はたから見ればそれだけアプローチをされるのは理想的なことです。

誘われれば誘われるほど、「自分には女としての魅力があるのだ」と実感できますし、周りからも「彼女には価値がある」と評価されるからです。

韓国の男たちの多くは、いざ好きな女性ができたとなると、なんとしても自分の恋人にするのだと、わき目もふらずに一直線に突っ走って行きます。そして2人きりのチャンスを得れば、甘美な言葉で現実離れした夢や空想をしきりに語りかけてきます。

とするうちに、女心をかき乱さずにはいない、いわば「殺し文句」が必ずといっていいほど飛び出してくるのです。たとえば次のような言葉。

「僕の人生で最も幸せなことは、君に出逢えたことだ」

韓国の男たちで、こんな言葉を1、2回会っただけで口に出す者は珍しくないのです。

日本人女性は韓国人男性にモテる？

実は、日本人女性が韓国に行くと、非常にモテます。特に若い女性が留学生として韓国に行くと、中にはストーカーのようなアプローチをされるため、困ってしまっている人が多くいるくらいです。

なぜ日本人女性がモテるのでしょうか。それは、下手な韓国語を話している姿が、韓国人男性には可愛くてたまらないからです。

もともと、日本語自体がソフトな発音で話される言語です。その調子で韓国語を話されると、韓国人男性はその女性が魅力的に見えるそうです。

韓国人男性には、日本人女性が好きな人が多いのです。やさしいからでしょうが、これも相まって、韓流ブームに乗っかり、韓国人と恋愛したい日本人女性が増えています。

韓国に留学していたある日本人女性から、こんな話を聞きました。彼女が1人で韓国のレストランに入ったとき、メニューを見ながら「どれがいいかな」「これは実物だとどんな料理なのかな」と悩んでいると、韓国人男性が隙を狙って話しかけてきたそうです。「これがおいしいよ」「これを食べてみて」と。

最初、女性はびっくりしたそうですが、どうやらこの店に限ったことではなかったようです。どこの店に行っても同じようなことが起きる。1人で歩いていても、道に迷っているような素振りを見せればさっと男性が寄ってきて、「どこへ行くのですか?」と声をかけて案内をしてくれる。

これらの男性の行為は、韓国では「親切」と捉えられることがほとんどでしょう。しかしその日本人女性は、「そのようなことをされると、ストーカーのような印象を持ってしまう」と話していました。

また、知人の日本人男性が妻と大学生の娘をつれて、3人で韓国旅行に行ったときのことです。電車に乗ろうと3人で駅にいたところ、非常に素敵な男性が向こうのほうから歩いてきたそうです。

そして何故か3人の前に立ち止まり、突然名刺を差し出されました。そして娘に「あなたのことが気に入りました。ぜひ私と付き合ってくれませんか」と言うではありませんか。

両親の前で直接、それも突然告白をしてくるなんてと、その日本人男性は非常に驚いたそうです。

名刺をみると、韓国では一流の会社の社員だったそうです。日本ではとても見られない光景です。

警察に連れていかれても付きまとう男

ほかにも、日本人の若い女性が困ったという体験談を教えてくれたことがありました。彼女は韓国の一流企業で日本語教師として働き、毎日社員に日本語を教えていました。そこで驚きの出来事があったそうです。

勤務先のとある韓国人の社員が、毎日彼女の元に通っては、熱心に日本語を勉強していたそうです。それはそれで良いのですが、困ったことがありました。彼は毎日、授業後に必ず彼女を誘ってくるのだそうです。

彼女としては、先生と生徒の関係を維持していたいし、付き合う気にはなれません。そんな彼女の思いとは裏腹に、彼は毎日誘ってきます。しびれを切らした彼女は「これ以上私はあなたと付き合うことはできません」とはっきり伝えたそうです。

それでも男性は、めげることなく「あなたに惚れた」「あなたは美しい」と甘い言葉をかけてくる。

そしてついに、彼は女性のアパートの前まで来てしまいました。玄関の前で彼女を朝まで待っていたそうです。しかし、次の日になるとケロっとした顔で授業を受けにくる。その様子に怖くなった彼女は警察まで呼び、彼は連れて行かれたそうです。

でも、しばらくすると、また家まで来る。怖くなってしまった彼女は、とうとう日本に帰ってしまいました。

しかし、そこで彼は終わりません。驚くことに、彼は日本までも来てしまったのです。非常に恐ろしかった、と彼女は話していました。

ストーカーであるかのように思われるかもしれないですが、韓国人にしてみると「追われる彼女はそれほどに素晴らしい女性なのだろうな」と思うだけです。男性は一流企業に務めるエリートですから、むしろ韓国人女性にとっては羨ましいことでしょう。

日本人女性が韓国に留学すると、多かれ少なかれこのような目に遭います。そのため韓国にいると怖い気持ちになるし、嫌だと思ってしまうことも多いそうです。ところが不思議なことに、帰国すると日本人男性からはしつこく誘われることがなく寂しく思ったりする。そのため、男女問題は激しいけれども、韓国にいたほうが楽しかった、という話をよく聞きます。

韓国では女性から惚れるとうまくいかない

韓国では、「男性が惚れて女性が誘われる」という出会い方をして結婚したほうが幸せになれる、と言われています。実際にそうして出会ったという経験は、女性の誇りにもなります。反対に、「私が惚れて結婚した」と言う女性は、なんだかみっともなくみえてしまうのです。

そのため、他人に結婚のきっかけを話すときにも「うちの夫からしつこく誘われて付き合うことになって、いろいろあって、結局こうして結婚することになったんですよ」と言う女性が多いです。

もちろん逆のパターンもあるのですが、やはり「女性がいくら惚れたとしても、そこで結婚したら不幸になりますよ」と言われるのです。

そういった出会いが韓国では主流になっているので、韓国人と日本人が恋愛するとなると、やはり大変です。私も何度か経験があるのですが、東京の新宿で後ろからついてきた男性が「お茶に付き合ってくれませんか」と声をかけてきたことがあります。

こんなとき、一般的に韓国人女性は最初は断るものです。そのため、私も同じようにひとまず「嫌です」と断ると、驚くことに男性はそこで引き下がるのです。

1回きりで、すっと去って行く男性をみて、私は驚きを隠せませんでした。「もう終わり？」と思ったのです。

そのことを日本人男性に話すと、みんな「そんな反応をされてしまうと、それ以上は誘えない。なぜならプライドが傷つくから」と答えるので、さらに驚きました。

私からすると、もう一生会えないかもしれないし、2度と来ないチャンスをなぜすぐに逃してしまうのか、と思うところです。

しかし日本人男性は、「それは縁がなかったのだ」と言うんですね。日本人男性の女性への想いはそんなに浅いものなのか、と不思議に思ったことがありました。

一方、ある韓国人女性から相談を受けたことがあります。それは、日本人男性との関係についてでした。

最初、彼女はずっと日本人男性から誘われていて、実は自分もすごく気に入っている。ただ、仮にここですぐにＯＫし、相手を受け入れてしまうと、軽い女だと思われてしまうとのことでした。

やはり、相手には自分を高く見せていたい。そう思っていたため、戦略的に断り続けていたそうです。そしてついには、きつい言葉を吐き出しながら断る、といったこともしていました。

そのうち、女性のほうも「次に誘われたらお茶くらいでも」と思うようになったのですが、そのときにはもう遅く、誘われなくなってしまったそうです。少なくとも5回は誘われたそうですが、「今度こそ」と思ったときにはもう、彼は誘ってくれない。だからといって女性のほうから再び声をかけるのは、彼女のプライドが許しません。

このように、韓国人女性と日本人男性が付き合うとき、うまくいかないことがよくあります。

日本は韓国と異なり、女性から惚れたときでも成功率は高いです。そしていくら男性が誘ったとしても、日本人女性のほうに気がなければまったく心が動かない。一方、韓国では男性が惚れたほうが、はるかに成功率が高いです。

そういう意味では、日本人と韓国人はまったく違う恋愛観を持っている、ということになるでしょう。

結婚後、男性の態度は一変する

韓国では、男性が粘り強く誘い続け、「そこまで言うのなら」と女性の心に響くことで、恋愛が始まる。それならば、結婚した後に男性は、女王様のように女性を扱うのだろう……と思われるかもしれません。

しかし、結婚生活となると話は別です。そこから先は、決して甘くない生活が待っているからです。

韓国社会は頑固な儒教社会なので、何事も男性中心に考えられています。そのため、結婚後は男性の態度は一変してしまうことが多いです。

韓国人男性の恋愛時代の「男ぶり」は、ほとんど無意識の演技だと思わなくてはなりません。実際、女性雑誌のアンケートなどを見ても、多くの男たちが結婚後ほぼ3カ月以内に、結婚前には女の前にぬかずき太陽のごとくの賛美を浴びせていたものが、暴力を含めて妻をきわめてぞんざいに扱う夫へと君子豹変しているのです。

また、韓国での結婚とは、「男性」とするものではなく「家族」とするものと考えるべきです。そのため、姑との関係も重要になります。おそらく韓国での嫁いびりは、世界で最も激しいのではないでしょうか。

韓国には、「結婚には苦労の門が透けて見える」ということわざがあります。つまり、それほどに女性にとって、結婚は大変なことだということです。それでも韓国人は結婚願望が強いため、大変だとわかっていながらも結婚するのです。

日本と同じく、韓国では今、だんだん核家族化が進んでいます。結婚すると、まずは姑と別の家に住む。

それでも、その親が隣のアパートに住む、というケースがよくあります。そのため別の家に住んでいても、姑と夫の関係が切れることはなかなかありません。

また姑が夫婦が住んでいる部屋の鍵を持っているのも、よくあることです。いつでも部屋に入り、台所や冷蔵庫を触って、勝手におかずを作ってあげたりしながら、部屋のあちこちを掃除してあげたりする。日本人からすると好まれないかもしれませんが、韓国ではそれが親切な姑だとされています。

そして夫婦に子どもが生まれると、その子どもが嫁の子どもなのか自分の子どもなのかわからなくなるくらい、子育てにも激しく干渉していくのです。

息子を産むことが嫁の使命

韓国では、女性が嫁入りをすると果たさなければならない役割があります。それは、男の子を産むこと。息子を産むことが、親や先祖への孝行になるのです。

日本人にとっての「親孝行」というのは、自分の親を大事にしてあげる、という意味を持つでしょう。しかし韓国では、男の子を産むことが最高の親孝行です。

これは「息子信仰」と言われるほど厳しいもので、仮に男の子が産めないときは「なぜ産めないの」と周りから後ろ指をさされるわけです。

特に姑は、「早く息子を産んでくれ」と嫁に何度も言います。きちんと男の子が生まれるかどうか、占いをしてもらったり、男の子が生まれるための祈願も活発に行われるし、

「男の子ができる」といわれる漢方薬まで売られています。そして、それを買っては「これを煎じて飲みなさい」と嫁に渡すわけです。

私の友達の話ですが、彼女には3人の子どもがいて全員女の子でした。そのため周りから「息子を産めない女」と言われ、姑からも激しくいじめられてしまい、肩身の狭い思いをしていました。

非常に苦しい思いを長年してきたわけですが、祈願し続け、念願の男の子を産むことができたときは「ようやく肩の荷が下りた」と言っていました。それまでは、誰かに会いに行くのも、親戚が集まる場所に行くのも、ひたすらに辛かったそうです。

しかし男の子を産んだことで、家族の態度は一変しましたし、これで堂々と胸を張って街を歩くことができる、と話していました。

朝鮮半島には、「結婚すれば嫁ぎ先の鬼神になれ」という伝統的なことわざがあります。これは、死んでもその家の鬼神になれ、ということを意味します。つまり、一旦女性が嫁に入ると実家に戻ることは、許されなかったわけです。最近は変わってきましたが、この伝統の価値観は残っています。

また韓国には「出家外人」という言葉もあります。これは、たとえ自分の娘だとしても、別の家に嫁いでしまったらもう他人になってしまう、という意味でした。最近はかなり変わってきました。

また韓国では日本と違い、女性は結婚しても、名字が変わることはありません。私の名字は「呉」ですが、仮に金氏と結婚したとしても、私は「金」にはならず、「呉」という名字に変わりがないということです。

では、子どもが生まれたどうなるのかというと、その子どもは夫の名字を名乗ることになります。もし離婚してしまい、子どもは女性が引き取ったとしても、子どもは父親の名字のままです。たとえ女性が子連れで再婚しても、その子は元父親の名字のままです。

日本のように、離婚した場合、母親が親権を持てば母方の名字に変わる、というのはありえないことです。子どもは父親と離れていたとしても、父方の血筋に生まれたということに変わりはない、という認識がそこに表れているのです。

離婚する夫婦は増え、出生率も急減

このように、韓国では夫第一主義が根強くあるわけですが、この価値観は１９９７年の韓国での外貨危機を機に、一度大きな転換期を迎えています。

そこで敗戦したほどの社会的ショックを受け、経済危機のためＩＭＦによる救済を受けたことは、韓国にとって大きな出来事でした。それ以来、何かを語る際は「ＩＭＦ前」「ＩＭＦ以降」という言い方をするくらいです。

そしてこの経済ショックは、伝統的な家族観の崩壊にまでつながりました。

離婚は、１９９７年の通貨危機で韓国経済が破綻し、ＩＭＦ管理下に入って以降から急激な増加がはじまっています。最も大きな原因は、職を失った夫の代わりに主婦が働きに出るようになり、これをきっかけに女性の社会進出が大きく伸びたためと見られています。

男に頼っていても食べてはいけないという社会情勢の大変化が、離婚急増時代と晩婚急増時代の出発点でした。

その過程で家族法や戸籍法の改正があり、以前よりも女性が離婚しやすい条件が生み出されていきました。しかしながら社会の通念、とくに男の意識のほうは相変わらずで、そのために離婚は、いまだに女性に大きな不利益をもたらすものであり続けています。

それまでは、もし女性が離婚したとすると、社会的に白い目で見られていました。離婚というものは、よっぽど特別なことがあった人だけがするもの。女性にとって「離婚」とは非常にハードルが高いものだったのです。

ところが経済危機以降、女性から離婚を希望するケースがいきなり増え、韓国はたちまち離婚大国となり、離婚率が上がりました。

「ＩＭＦ前」では、子どもや社会的な問題がいろいろあり、離婚というのはなかなかできるものではありませんでした。結婚生活はとても辛く大変だけれども、我慢して生きてきた。しかしこの経済危機は、このまま夫に頼ったままでいいのか、と悩む女性が増えるきっかけになりました。

夫は会社からクビになってしまうし、そうなれば女性も立ち上がって働いていかなければいけない。そうしなければ社会生活や経済活動ができないからです。

そこで生まれたのが、「家族や子どものために犠牲になるような生き方はしたくない」「自分のために生きていきたい」という思いです。そのため、離婚する夫婦は増え、同時に出生率も急減しました。

それまでは、たとえ結婚生活がつらくても、子どもを産めば年老いたときに子どもが助けてくれる、という価値観を持つのが普通でした。

しかし段々と「子どもには頼りたくない、自分の力で生きていきたい」と思うようになっていったのです。そうすると、子どもを生む必要性を感じない人が増えてくるわけです。

２０１９年のデータでは、合計特殊出生率（1人の女性が生涯に産む子供の数）が０・９２でした。このとき日本は１・３６でしたが、２０２０年は０・８３６にまで低下しました。日本も韓国も、減少し続けているのです。

これまで子どもを頼り、生きがいとしていた韓国人夫婦が、時代の変化によって、「子どもではなく、自分のために生きていきたい」と強く思い始めた。それが出生率低下の理由です。

専門家は経済的な不安定さや養育負担の大きさなどを理由としてあげています。しかし私はこう思うのです。女性たちによる「我慢しながら結婚生活を送るなんて嫌だ」という巨大な波が、ここ数年のうちに訪れているのではないか、と。

「1人出産するならば、男の子がいい」と考える韓国人

近頃は、「子どもは1人産めばいいほうだ」という考えをもつ人が増えています。つい数年前までは、1人目に生まれたのが女の子である場合、次は男の子が生まれることを望んで妊娠していました。

いまはその傾向が変わりつつあり、「男でも女でもいいから、1人出産すればそれでよし」という人が多くなっているのです。

一方日本の場合、1人出産するとすれば、男の子と女の子、どちらがよいと思われているのでしょうか。

私は多くの日本人に聞いてみましたが、「やっぱり女の子がいいですね」という人が多いのです。やはりお母さんにとっては、女の子のほうが頼れるということなのでしょうか。お父さんにしても、やはり女の子はかわいいですよね。

しかし、韓国では、「1人出産するならば、何としてでも男の子がいい」という願望が、依然として強いのです。

さて、孫となると、どうでしょうか。韓国では、内孫と外孫の区別がはっきりしていて、外孫には親密感が薄いです。これはすでに述べている通り、姑は内孫を自分の子どものように、干渉しながら育児する、というのが一般的だからです。そこで嫁との行き違いが生じ、対立が絶え間なく起こるわけです。

日本人の場合は、なぜか娘の子ども、つまり外孫のほうが親しみを感じている人のほうが多いようです。しかし、韓国での外孫というのは、かわいいことはかわいいのですが、やはり「他人」の感覚なので、遠慮しがちです。

だから勝手に「ああしろ、こうしろ」と言えない。だから、息子の孫がかわいいし、子孫に男の子ができるとうれしい。そんな「男の子願望」が、ことのほか強くなっていくのです。

韓国のことわざで、「夫は天様」というものがあります。つまり、夫は天＝神様。これは伝統的に言われているもので、夫がどんな人であろうとも、結婚してしまうと夫は神様のような存在になる、ということです。

これは、強烈な男権社会を象徴する言葉です。近年は女性の立場も強くなってはいるものの、やはり依然として韓国は男権社会です。そのため、精神的にこの価値観が強く生きているのだということを理解しなければ、韓国社会をきちんと把握するのは難しいでしょう。

ところが、日本では「かかあ天下」という言葉があり、一方で「亭主関白」という言葉もあります。この2つが両立できたときにその家庭はうまくいくのだ、とされています。これまで知り合いの男性に聞いてみたところ、「うちはかかあ天下だから」という人が多いです。

そういう意味でいえば、日本社会も表向きには男権社会のように見えますが、実のところは母権社会でもある、と私は思っています。

ともあれ、韓国における結婚生活とは、きわめて辛いものです。日本人の中には「独身のほうが楽だから結婚しない」という選択をする人が増えていますが、韓国人はそうではありません。

日本人には「そんなに辛いのなら結婚しなければいいのだ」と思う方も多いかと思いますが、思いのほか、韓国人は結婚願望が強いのです。結婚生活がどれだけ辛いものだとわかっているのに、です。

今でも行われている未婚者の「死後の結婚」

韓国では、「結婚ができないことほど、惨めなものはない」と言われています。そのため、結婚しないで生きるのは、非常に大変なことなのです。

また韓国には「処女鬼神ほど恐いものはない」という、古くからの言い方があります。処女とは韓国では未婚の女性のこと。独身のままで死ぬと、その鬼神、つまり霊の恨みはどこまでも深く、恐ろしい威力を発揮するといわれてきました。

恨みの理由は、性的な関係ができずに死んだから、子どもを産む力を発揮できずに死んだからとも言われますが、なによりも子孫を残していないことが、深くて強い恨みとなります。その第一は、自分の子どもがいないと、死後に自分の霊を祭祀してくれる者が存在しないことになってしまうからです。

もちろん男性も独身のまま亡くなってしまったとき、その恨みは怖いとされていますが、女性霊の恐さからすればたいしたことはないのです。やはり女性のほうがすさまじいとされています。

独身女性の霊は、男性、とくに偉い地位の人に取り憑き、苦しめることになります。そして家庭だけでなく、その人が生まれ暮らした地域に不幸をもたらすことになる、とまで言われています。

韓国では伝統的に土葬を行っていました。

独身のまま死んでしまった人の霊は非常に恐ろしいものとされているため、お墓の中にトゲのある木の枝や、男性のシンボルをかたどったもの、男性の靴などを入れて埋めたりします。これは、死者の「結婚できなかった」という恨みを慰めてあげるための行為です。

しかし、その霊はここで終わりではありません。いくらトゲのある木の枝を入れたからといっても、霊なのでお墓から出て行くことができ、ついには村の人々を苦しめてしまうでしょう。

では、現世に生きる人々は、この霊を一体どうすればよいのでしょうか。

その答えは、「死後の結婚」です。若くして独身のままなくなった異性の霊を探し、2人を結婚させ、恨みを慰めるのです。

この慣習は、ヨーロッパのギリシャなどでも古代に神事としてあったそうです。またフ

韓国の土葬の墓

ランスでも、生前に結婚の意志があったと判断されれば、死後の結婚を認める、という記事を読んだこともあります。

ほかにも、中国の南部や台湾でも、神事として若干行われることがあるそうです。日本では青森県の恐山や山形県にもあったと聞きますが、ここではお人形をお寺に奉納し、霊を慰めるというくらいで済ませられます。

ところが朝鮮半島では、その神事がかなり本格的に行われるのです。現在は数としては少なくなったそうですが、私が生まれた済州島などの南部地域では、今でも一般的に行われています。

では、その結婚式はどうするのか。亡くなった男女の形をした案山子《かかし》や人形を作り、生きている人と同じように結婚式を行います。そして親戚が全員集まり、大きな宴会までします。

このようにして、結婚して夫婦になり、女性の霊が男性のほうに嫁ぎ、互いの家同士が仲良くなるケースもよくあることです。場合によっては、新婦の墓から遺骨を掘り出し、新郎の墓に埋葬し直すこともあるのです。

死後の結婚は、神事としてだけでなく、実際に婚姻届を役所に出すところまでやります。亡くなった日より後の日付で婚姻届が出されるわけですが、女性は男性の戸籍謄本に載ることになります。

そこまでして、本当に結婚をしたという記録を残したいのです。そして両家は、いよいよ完全な親戚同士になります。

実は、22歳で亡くなった私の兄が、同じことをしているのです。兄は亡くなった後、近所の地域で若くして亡くなった女性と、死後結婚を行いました。もし仮にいま、私の戸籍謄本を取り寄せるとすると、会ったことすらない私の義姉の名前が載っているのです。

永遠に死なずに済む方法

それだけではありません。次に行われるのが最も重要なことです。それは、養子を迎えることです。

まず、霊となった夫婦の血のつながっている親戚の男の子を養子に迎えます。そして、その養子は、会ったこともない亡くなった父母の祭祀を行うのです。なぜこれを行うのかというと、朝鮮半島ではこの祭祀こそが、先祖をお祀りするための重要な行事だからです。

なぜ韓国の夫婦が、そこまで子どもを、特に男の子を持つことにこだわるのか。その理由が、この祭祀につながるわけです。

祭祀では、親だけでなく、4代までの先祖のことも祀ることになっています。これは、父系の血を引き継いだ者であり、かつ、男性しか祀る資格がないとされています。女性には祭祀はできないのです。

そして息子となれば、先祖祭祀を行い、家系を守るため財産も受け継ぐことができます。そんな背景があるからこそ、韓国では「娘を産んでも何の価値もない」という価値観が根強いのです。

また、韓国は儒教社会ですが、儒教の世界には「死後の世界観」というものがありません。

他の宗教で言えば、キリスト教の場合、死んだ後は天国や地獄に行くことになっているでしょう。そして仏教でも、極楽や地獄の考えがあったり、生まれ変わったりします。しかし儒教には、そのような世界がないのです。

では、一体どんな考え方なのでしょうか。それは、「いかに死なずに現世に永遠に生き続けるのか」「あの世ではなくこの世に生き続けていきたい」という「現世へのこだわり」なのです。

ならば、死んでしまった後はどうすればいいのか。どのようにして現世で生き続けるというのでしょうか。

それは、霊や魂を息子に移すことです。そうすれば、永遠に死なずに済む、とされているのです。

もともとの古い民間儒教の霊魂観では、亡くなった父の霊は再びこの世に戻ってきて息子（長男）に憑依し、なおもこの世で生き続けると考えられました。そのようにして一族の霊魂は、息子から息子へと伝わっていって、永遠にこの世に生き続けるのです。

古くは中国でも朝鮮半島でも、そうした霊魂観に基づいて、父の霊を呼び戻して息子に憑依させる民間儒教の儀礼が執り行われていたようです。

韓国で息子を生み、祀ってもらうというのは、自分がこの世にずっと生き続けるということになります。つまるところ、自分が死なずに生き残るために、必死に自分を磨いているわけです。

精神的に良い人間であり、道徳性を高めて生きていけば、いつかは聖人君子になれる。聖人君子というのは、最も高い地位にあるものであり、つまりは王様です。この地位にたどり着くことを目指して、韓国人は日々生きているのです。

その典型例は、北朝鮮にもあります。それは、金正恩です。

彼は、どうして祖父の金日成のまねばかりしているのでしょうか。それは、彼らの世界では「金日成はまだ死んではいない」ということになっているからです。

つまり、金日成は最も高い地位にいる人間であり、聖人君子なのです。その霊が、いまは金正恩に引き継がれていっているわけです。

そのため、たとえ金正恩に力がなくなったとしても、そこには金日成のパワーが宿っている、ということになるのです。そうなれば、北朝鮮の人々はその力を認めざるを得ません。

未婚のまま死んだ人は地域を呪う

結婚しないまま死ぬということは、韓国では非常に大変なこととされています。なぜなら死後、自らの霊を授ける相手がいないということ。つまり、死後の自らの行き場を失ってしまうからです。

そして死んだ後も苦しみ続け、恨みを家族だけでなく、地域にまでぶつけ、不幸をもたらしてしまう。その上、死んでしまった人は家族の夢に現れたり、結婚を要求したりすることもあると言われています。

よりどころのない霊は村中をさまよいながら、村人たちや親戚の間を動き回っては苦しめます。李朝時代には中央から派遣されてきた守令（村長・町長に相当する地方官）は、その村や町に未婚の男女がいればなんとしてでも結婚させることが役割の1つでもありました。国家的にもゆゆしき問題だったのです。

そうした一種の民間信仰があるため、家庭や地域で不幸なことがあれば、真っ先に「死んだあの人が未婚のままだったからだ」と思われます。だから、現世に生きる者が、死後の結婚をさせることになるわけです。

そんなこともあって、かつての村の長は大変でした。若い男女がそこにいたら、まずは結婚させる。それが彼らの役目だったのです。

そのため、今でも年配の人たちは、結婚していない人に会えば「なぜ結婚していないのか」と率先して声をかけることが多いのです。

日本人からすると、余計なお世話だと思われるでしょう。しかし韓国人は、未婚のままにしておくと、村中が大変なことになってしまう。だから、そこまでして口うるさく言うのです。

最近は「村」の単位が小さくなってしまい、そこには若者たちもいなくなってきています。日本と同じく、みんな都会に出てしまうからです。しかし、かつての村社会が、いまは職場に移っています。

だから、現在では職場の長にあたる人が、社員に対して散々「結婚はしないのか」と聞いてきます。一見お節介にもみえますが、この言葉の深い意味を探ってみると、結婚しないまま死んでしまう人がいる恐ろしさが、伝統として根付いている、というところに行き着くのです。

つまるところ、息子を生みたいという思いは、儒教社会の考えに基づいた「自分たちや先祖を祀ってほしい」という願望からくるものです。

そして、自分の霊を引き継がせ、息子や子孫を通して、この世に永遠に生き残る。そう考えると、どうして韓国人がこれほどに息子にこだわるのか、その理由が見えてくるのではないでしょうか。

第4章

韓国独自の歴史観

日本に対する優越感

今、韓国では反日感情が渦巻いています。その原因や大元は韓国人がよく言う「日帝36年の支配」にあると考えている方が多いでしょう。

しかし、韓国人の価値観を探ってみると、実はそうではないことがわかります。「え、そうなの？」と思われた日本人が多いのではないでしょうか。確かに、韓国人による反日感情は「日帝による支配の間、慰安婦問題や徴用工問題などを通じて、日本人から人間扱いをされなかったことによるものだ」と言われてきたのは事実です。

そして現に、「謝罪しろ」「大金を支払って賠償しろ」と韓国人は絶え間なく要求しているわけです。

しかし、日本がいくら謝って大金を支払っても、この問題は終わらないでしょう。その理由は、「日帝36年」が原因ではないからです。むしろ、実は韓国人はこの問題を意識しているわけではないでしょう。

それでは、韓国人の反日感情は、何によるものなのでしょうか。それは、「日本に対する韓国人の民族優越意識」です。「日本はもともと文化程度の低い周辺地域にいて、韓国よりも劣っている民族なのだ」という思いが、韓国人の中に潜在的に存在しているのです。

韓国人の中には、「かつて我々は、日本に朝鮮半島の高度な文化や文明を教えてあげた」という恩着せがましい価値観がしっかりと根付いています。

これを理解しなければ、いくら日本が「日帝36年」の問題を解決しようと努めたとしても、永遠に解決することはないでしょう。

近代以前、王朝時代の朝鮮半島では、正式文書以外では日本人とは呼ばずに「倭人」「倭賊」「蛮酋」「蛮夷」などの蔑称を用いることが、ごく一般的に行われていました。

これが現代では、「日本奴《イルボンノム》」（日本野郎）、「倭奴《ウェノム》」（縮こまったちっぽけな野郎）、「猪足《チョッパリ》」（豚の足のような足袋を履く日本人）などの言葉で普通に使われています。日本人に対して侮蔑的な表現をする習いは、近年にはじまったことではなく、朝鮮半島の古くからの伝統だったのです。

「おかげさまで」の精神は、日韓で真逆

まず、日本人はよく「おかげさまで」という言葉を使いますね。韓国にもこれに相当する「おかげさまで」の言葉があります。しかし不思議なことに、同じ言葉であるにもかかわらず、日本と韓国でまったく逆のことを意味しています。

例えば日本人が「おかげさまで」と言うとき、「あなたのおかげで、このようになった」と感謝の意味を込めて使います。すると言われた相手は、「いえいえ。私なんてとんでもないです」と、謙虚に受け取ります。いわゆる社交辞令だと捉えています。

韓国でも「あなたのおかげで」と言われると、もちろん個人関係では「とんでもありません」とは言いますが、彼らは、内心では「自分のおかげなのだ」と本気で受け取り、思い上がり、恩着せがましくなっていくでしょう。特に、日韓関係となるとその気持ちは絶対的になります。

「おかげさまで」に近いものでは、韓国には「徳澤で」という言い方があります。ここでの「徳」は「身に付いた倫理的な能力」、「澤」は「うるおい・恩恵」を意味します。

「あなた」「みなさん」などから恵みや恩沢を得たという意味で使われますが、あくまで具体的な他者からの恵みであり、「おかげ」のように目に見えない人為を超えた力の作用まで含んではいません。

「徳澤で」といえば、そこには「自分は人から徳澤を得られるほど力があるのだ」「自分に力があるからこそ人が徳澤を与えてくるのだ」「徳澤を得るのは自分に力がある証拠だ」と自分を誇る気持ちがあるのです。また社会もそのように評価します。そこが「おかげさまで」とはまったく違うのです。

例として、会社の創立記念日などで、社長が挨拶する様子をあげてみましょう。日本人の場合、「みなさまのおかげで、今日という日を迎えられました」という様子が想像できるかと思います。

社長は決して「自分の力で」とは言わず、「みなさま」という他力を前面に出します。その「みなさま」とは、社員なのか、あるいは取引先、消費者、もしくは神様なのか、はっきりと具体的には言うわけではありません。

ともかく、大切なのは周りの力のおかげだ、と言うことです。決して自分の力のおかげだ、なんてことは言わず、アピールはしない。それが日本人の「おかげさま」です。

ところが韓国人の場合、「おかげさま」は自分のことをいいます。つまり、「自分のおかげだ」と言うことです。

私はたくさん努力をして、これほどの苦労を乗り越えてきた。そうしてやっとここまで築き上げることができた。それはすべて、自分のおかげだ。

こうしてすべて「自力」で行ったものだとアピールするところに、日本との違いが大きくあるのだといえます。

私の体験になりますが、30年ほど前に初めて本を出版したとき、ある記述が原因で韓国の読者から大変攻撃を受けたことがありました。そのときに言われたのは、こんなことでした。

「これほど日本人に向かって韓国のことを非難する韓国人はいない。韓国人の血が流れているのならば、韓国を守り、日本を非難する本を書くのが普通だ。ところが呉善花という人は、韓国人であるにもかかわらず、韓国を非難して日本を評価した」

その攻撃の原因となったのが、私が本の中で書いた「周りのおかげでこの本を出版することができた」というところでした。

そこで私は、「私の力はわずか60％に過ぎなかった。残りの40％は、周りの力によるものだ」と書いたのです。

これが攻撃材料となり、「ほらみろ。この本を書くために、呉善花がほんのわずかな力しか使っていない。だからこれは呉善花が書いたのではなく、日本人が書いたものなのだ」と批判されました。

さらにおもしろいことがありました。この箇所について、日本人読者からはこう言われたのです。「いや、呉さん。日本人ならば、自分の力はわずか40％で、他力を60％と表現するはずです」と。

私は自力を60％とするだけでも、ずいぶん遠慮をしたつもりでした。日本と韓国は、これほどに価値観が違うのだと身をもって感じたのでした。

最近、ソフトバンクの孫正義氏の書いた文章を読んだのですが、そこには「自分の力は10％程度に過ぎない。そのほかは、すべて周りのおかげ。だから私はここまで生き残ることができた」と書かれていました。孫氏は韓国系日本人ですが、日本人のメンタリティそのものの持ち主のようです。この文章をみて、日韓の違いを強く感じたのでした。

日本に「与えてあげた」という感覚

韓国人はよく、「私が助けてあげた」と言います。内心でも本当にそう思っていますし、どこか恩着せがましさがあります。

そしてそのメンタリティは、日本への反日感情にもつながっています。「古代に韓国が日本を助けたおかげで、日本はまともな国になった。それにもかかわらず、日本は韓国に対して害ばかり与える」という感情が根底に存在しているのです。

この「助けてあげたのに」という感情は、どこから生まれているものなのでしょうか。実際に韓国で使われている教科書を眺めながら、考えてみたいと思います。

これは中学校の教科書です。韓国は国定教科書なので、みんな同じものが使われています。

このページは古代編ですが、まずは紀元後53年から668年までの古代統一王朝国家、つまり「三国時代」にあたるところです。高句麗・新羅・百済の3つの王朝国家ができたところからが「古代国家」というふうに韓国はみています。

そこからかいつまんで見ていくと、「三国は大陸から中国文化を受け入れながら独自の文化を成し遂げた。そして発達した三国文化は日本に伝わり、日本の古代文化発達に大きな影響を与えた。また、日本に漢文・論語・千字文も伝えた」と書かれています。

つまり、「伝えてあげた」という認識なのです。

他にも、こう書かれています。

「漢学と儒学を伝えてあげ、日本の政治思想と忠孝思想を普及させてあげた。また仏教のほかにも、天文や地理、暦法なども伝えてあげた」

「高句麗も多くの文化を日本に伝えてあげた。僧侶の慧慈は、日本の聖徳太子の恩師となり、曇徴は紙と硯を作る技術を教えてあげた。法隆寺の壁画も彼の作品として知られる」

「このように、三国は発達した文化を日本に伝えてあげ、日本古代の飛鳥文化の成立に大きな役割を果たした」

「このような日本のすぐれた文化技術は、すべて朝鮮半島が与えてあげた」と主張しているわけです。ここには、韓国の日本に対する民族優越意識が表れています。

高校の教科書にも、同じようなことが書かれています。日本との関係について、中学・高校と徹底的に教えられ、それが価値観として根付いてしまうということです。

中華主義では、中華から文化的な距離があればあるほど野蛮とみなされましたから、中華主義を奉じた朝鮮半島諸国にとっては、日本は明らかに自らよりも劣った野蛮な夷族の地と認識されました。そのため、高句麗も新羅も百済も、日本を「文化・道徳を与えて訓育すべき対象」とみなしていたのです。

『日本は韓国だった』というトンデモ本

では、そのような教育を受けた韓国人は、大人になればどんな価値観を持つようになるのか。ある一冊の本から読み取っていきましょう。

金向洙《キム・ヒャンス》氏による『日本は韓国だった』という本があります。

金氏は1912年生まれで、日本で勉強もしていました。1935年に日本の大学を卒業し、その後に韓国の延世大学で名誉工学博士となります。そして韓国で最先端の経営者として、特に半導体関係の仕事をしていました。日本とも関わりが多かったそうです。

金氏は「日本をあちこち歩いてみると、優れた古代文化・文明はほとんどが朝鮮半島から入ってきたものだ」と述べ、それがタイトルのように「結局は日本は韓国だった」と結論づけていくわけです。

１９９０年代、この著書に似た本がいくつも出版され、国内では非常に読まれていました。そして「韓国が日本にいろいろと教えてあげた」と教育された韓国人はこれらの本を読み、「ほら、みろ。やっぱり日本よりも韓国のほうが優れている」と強く思うようになっていくのです。

ではこの著書から、いくつかポイントをかいつまんで読み取っていきたいと思います。

まず、金氏は日本のことを評価しています。「戦後、敗戦国となってしまった日本がこれほど短い期間で経済大国になった。その理由は、何と言っても日本人の勤勉性と節約の精神だ」と言っているのです。他にも日本の経済成長の背景を分析し、評価している。

とはいえ結局「日本は韓国」なので、回り回って韓国を評価しているということです。

さらにその内容を読んでみましょう。

「仕事関連で日本を度々往来しながら、わが祖先の息吹を感じ、わが民族の優秀性に誇りと自負心を持つようになった」

これは、「自分が歩いて行けば行くほど、韓国人としての誇りと自負心を持つようになった」ということです。次に、こう書かれています。

「私が60近くになった年でも、半導体を韓国に初めて根付かせ（中略）今日の韓国の半導体技術の水準がアメリカ、日本と並んで世界3大半導体国家を成し遂げた、その基底になったと自負している。これは、優れた先祖たちの血が私の体に流れているからこそ可能だったと信じてきた」

おそらくこの方は、半導体を最初に根付かせた人物です。それを自負しているわけです。日本人ならば、「自分が根付かせた」というような文章は書かないでしょう。また、次にはこうも書かれています。

「日本人（アイヌを除く）のほとんどは2000年前から朝鮮半島からの渡来人、そして北アジアから入ってきた弥生人で構成されている。特に渡来人系の女性は美貌が良い」

つまり、美貌をもつ日本人は、ほとんど朝鮮半島からの渡来人に由来する人ばかりだ、と述べています。このように美しい日本人を褒めることで、回り回って韓国を評価しているのです。

「朝鮮半島に三国が鼎立していたとき、日本列島は弥生時代だった」

ここで言いたいのは、朝鮮半島にはすでに国家ができていて、お互いに対立しながら発展を遂げている時代に、日本はまだ古代国家にすらなっていないということ。弥生時代は古代以前なので、原始的な時代であることを述べているわけです。

「朝鮮半島から稲作が日本に伝来されるまでは山野草や木の実をとって食べていた。それで紀元百年ごろから大陸文化の移転が本格的に始まった」

これについては、事実と異なります。近年の研究によって、日本ははるか以前から南方から稲作が入ってきた、ということがわかっているからです。

しかし金氏がそう思い込んでいることに加え、韓国人も稲作は自分たちが日本に教えたのだ、と教えられているのです。では、次の文章はいかがでしょうか。

「わが民族の血に流れる大陸の魂を呼び覚まし、民族の正気を戻し、以降の世界歴史の主人公として進軍していくだろう」

「古代韓民族の優秀な文化が日本の文化を呼び覚まし、今日の経済大国日本を成し遂げる源流となったという事実は再論の余地がない」

金氏は「日本各地を歩いてみると優れた文化の起源はほとんど朝鮮半島からだった」ということを言い続け、具体的な場所をすべて示しています。そしてもう1つ、日本語についてもこう述べています。

「言語文化の根幹でさえ、相当の言葉の語源が朝鮮半島から伝来されたという事実に、日本人は密かに拒否反応を見せている」

日本人にとって、極めて抵抗のある文章なのではないでしょうか。しかし韓国人にとっては何の問題意識もなく読める文章です。

また金氏は著書内で「国内外の著名な歴史学者たちも日本人の劣等意識を指摘している」とも述べています。

こうして韓国人の価値観には、日本のほうが劣っている、というメンタルが植え付けられていきます。

日本人に対する民族優越意識に加えて、「日本人は野蛮的な要素があるから、日帝36年の間もひどいことをした。慰安婦問題も徴用工問題も、彼らならばそんなことをしかねない」と思っているのです。

次に、「韓日の古代史が正しく定立されることを望む気持ちで、自分は忙しいのにもかかわらず、これほど多くの遺跡地を探訪することになった」ということも述べています。

このような言い方は、日本人はなかなかしないのではないでしょうか。さすが韓国一流の経済人・知識人だといえるでしょう。謙遜や謙虚な姿勢とは真逆です。この文章をおかしいと思わないのが韓国人なのです。

捩れに捩れた対日コンプレックスというべきでしょう。ここまで露骨な侮日意識を現すかどうかは別にして、こうした「韓国起源説」を主張する学者は他にもたくさんいます。自民族中心主義ゆえに、近代史に限らず古代史でも、韓国では容易に歴史が科学とはならないのです。

文大統領の言葉に沸くYouTuberたち

このように、「韓国が日本に教えてあげた」という気持ちは、今でもことあるごとに韓国人の言動に現れています。

２０２１年2月18日に、韓国の文大統領が、新型コロナウイルスのワクチン注射器を生産するプンリムファーマテック社を訪問し、「アメリカや日本など、世界約20カ国からの2億６０００万本以上の購入要請を受け入れた」と発表したときのことです。

この発表に対して、韓国のマスコミやYouTuberたちが、こぞって舞い上がるようになりました。「韓国製注射器の購買要請が、全世界から殺到している。日本もこの注射器の購入をしたい、と焦っている。ついに日本はプライドを全部捨て、８０００万個もの購入を要請してきたのだ」と大騒ぎしました。

また、「韓国がワクチン注射器を開発するやいなや、アメリカが急いで訪ねてきた。日本も遅ればせながら、列に並んでいる。『韓国が成し遂げるとは思わなかった』と言っている」と話すYouTuberもいました。

これらの反応には、日本に対する民族優越意識が強く表れています。「劣等な日本人」「朝鮮半島のおかげで今の日本人が成り立っているにもかかわらず、恩知らずな日本」「今の韓国を助けようとしない日本」といった反日感情が根本的にあります。

私はこれを「侮日論」と呼んでいます。具体的に、どんな感情なのでしょうか。

「日本人は野蛮で、未開の血が流れている。だから彼らは豊臣秀吉による朝鮮侵略に始まり、日帝36年間にいたるまで、ずっとひどいことをしてきた。それが朝鮮半島の人を苦しめた慰安婦問題や徴用工問題などにつながるのだが、彼らはそれに気がついていない。なぜなら、彼らには劣っている血が流れているから」

「優れた血が流れている我々が彼らに教えてあげ、常に目を覚まさせなければならない」

こんな考えが韓国人の根底には流れているのです。それを理解しなければ、「日帝36年」

の問題をいくら解決しようとしても、いくら謝罪しようとしても、いくら金銭的に対処しようとしても、いつまでも終わらないでしょう。

韓国は建国以来、「日本による植民地支配はいかに野蛮で過酷な弾圧支配だったか」、そして「我々はその屈辱の歴史をいかに耐えてきたか」ということを、反日教育を通して国民の意識に植え付けてきました。

こんな教育を受ければ、日本を蔑視する気持ちが湧き起こるのも当然です。ですから韓国は、現代の華夷思想として反日民族主義を再構成していったのだといってよいでしょう。私はそう考えています。

韓国人の根底にあるのは「恨《ハン》」

このように、韓国人は反日感情についてしつこく訴え続けるわけです。慰安婦問題、徴用工問題、日本人の野蛮で残虐な歴史、日本人による侵略・略奪、と過去を持ち出すことで、彼らは責め続けるのです。

韓国による非難は、終わりを知りません。日本人にとってはうんざりしてしまうかもしれませんが、韓国人からすると、うんざりも何もありません。

文大統領でさえ、最近このようなことを言っています。「韓日の間には不幸な歴史があった」と。これは歴代の大統領が言い続けてきたことであり、朴槿恵元大統領は千年たっても被害者である韓国の立場は変わらないとも言っていました。

つまり、日本人は韓国から恨まれ続けるわけです。皆さんには、非常に恐ろしいことだと思われるでしょう。

朝鮮半島の人間の情緒というのは、一言で言えば、「恨《ハン》」だといえます。

これに対して、日本にはやはり「もののあはれ」の情緒が根底にあります。恨みと書いて「恨《ハン》」、そして「もののあはれ」。まったく異なる感情が、双方には潜んでいるわけです。

「もののあはれ」と「恨」はどう違うのでしょうか。

「もののあはれ」は、日本人ならば誰にもある、衰えゆく生命、か弱く小さな生命への感動です。そこから、自分自身をも含めて、弱きもの、小さきもの、不完全なものを肯定し、慈しみ大切にしていく考えへとつながっていきます。また、去って行くことに未練を残さず諦めることなどでしょう。

一方、「恨」は「もののあはれ」とは逆に、感動は「溌剌たる生命の躍動」ばかりに集中していきます。したがって、自分の「弱さ、小ささ、不完全さ」を「そうであってはならない」と否定し、そのためありのままの自分を愛することができず、自分は優れていて素晴らしく特別で偉大な存在でなければならないと思い込んでいくことになります。

韓国人にとって「恨《ハン》」というのは生き方そのものでもあります。その「恨《ハン》」の強さというのは、何かに対して反発の強さでもあるわけであり、韓国人の生きる力にもなっているくらいです。

例えば、親や愛する人が死んでしまったとき。韓国人は非常に嘆きながら泣きます。そして「なぜ逝ってしまったのですか。早く戻ってきてください」と言うわけです。

彼らにとって生きるということは、粘り強く生きるということであり、それこそ最高の徳目です。もちろんそこには不老長寿という考え方や価値観があるわけですが、何としてでも長く生きるということが狙いなのです。

では、長生きできない場合はどうするのか。早く死んでしまった場合には、自分のせいではなく、社会や他人のせいにするのです。これが「怨恨《ウォンハン》」というものです。この言葉には、極めて強い意味が込められています。

死というものは、苦しみの中でも最も辛いものであり、不幸な出来事だとされています。これはどの国でも同じことかもしれません。そして、韓国人は「死」を何かのせいにしようとするきらいがあります。

さらに、この「怨恨《ウォンハン》」の感情は、「死」にだけ、当てはまるものではありません。人間、生きているとさまざまな出来事が起きます。例えば、男女が別れたとき。これもまた、韓国人は未練がましいです。特に女性から別れをつけられた男性は、しつこく未練がましく相手に連絡をします。電話をしたり、メールをしたりします。女性が結婚しても、5年も10年も粘り強く、未練がましく連絡し続けるのです。

近年、これらの行為はひどい場合は犯罪となるため、少なくなりました。しかしこのような行為こそが、韓国人の情緒の表れなのです。

これに代表されるのは、韓国の国花「ムクゲ」です。この花は、粘り強さを表しています。ムクゲの花は、華やかではなく、とてもひっそりとしていて質素です。しかし大体春の終わりごろに咲き、夏を超え、秋まで咲き続けるのです。落ちてはまた咲き、落ちてはまた咲く。

ちなみにこの枝は、なかなか素手では切れません。私も試してみたことがありますが、やはり難しかったですね。ハサミが必要で、非常に粘り強いです。

これは、まさに韓国人の好む生き方とマッチしているといえます。華やかとは言えないけれども、わが国民は粘り強く、しぶとく生き残ってきた。この花こそ韓国人の姿だ、と誇りに思っているのです。

夫に抱く「怨讐《ウォンス》＝敵」という感情

最近、YouTubeを観ていたところ、韓国人でカウンセラーをしているYouTuberがいました。彼は、心の問題や悩みごとを解いていく、という動画をアップしていました。

彼は講演もするカウンセラーで、近頃は新型コロナウイルスの影響で開催が難しく、新しいチャレンジを始めていました。その動画の中で、非常におもしろい場面がありました。

彼は農村を訪れていて、そこには畑で働いている70代のおばあさんが7、8人ほど集まっていました。彼はそのビニールハウスで講演を始めたのです。

そしてそのうち1人が、自分の夫との関係について、カウンセラーにいろいろと質問をしていきます。彼女は20代のころに結婚していて、そこから何十年も経っているわけです。

そこで彼は「あなたは夫に対して、どんな気持ちをもっていますか？」「たとえば、愛している？」「情で一緒に生きている？」、あるいは「かわいそうで？」と彼女に聞きました。おもしろいことに彼女はこう答えていました。

「今、夫に対して愛情はありません。昔はありましたが、今はもうないです」

すると、他の女性が口をはさんできました。「もはや怨讐《ウォンス》だよ」と言うのです。みんなが笑いながら、「そうそう」と言うのでした。日本語にすると、「敵《かたき》」というところでしょうか。

彼女たちはこの言葉を「嫌な相手」「恨む相手」というニュアンスで使っていますが、それほど深い意味ではありません。日本語で例えるなら、「粗大ゴミ」であったり「濡れ落ち葉」だったり、というところだと思います。

とにかく、自分の夫が嫌なのです。その理由の1つが、「妻である自分に、自由な生き方をさせてくれなかった」ということ。「自分のやりたいことは何一つできなかった。それは夫のせいだ」と思っています。

怨恨を残して死ぬと、この世に不幸を撒き散らす？

このように韓国人は「怨恨《ウォンハン》」という言葉をよく使います。では、この思いが積もったまま死んでしまうとどうなるのでしょうか。

それは、「怨鬼《ウォンギ》」です。つまり、恨む鬼になり、この世をさまようことになってしまうのです。そして、この世に不幸を撒き散らすことになります。

韓国では、昔から「怨恨《ウォンハン》」を晴らすための民間信仰の行事が盛んに行われてきました。これは、長生きできず、早死にした場合によく行われるものです。

すでに「処女鬼神ほど恐ろしいものはない」と述べましたが、結婚できないままだけではなく、長生きできずに死んでしまった場合も、その恨みは激しいとされています。それを晴らすための行事です。

この「恨《ハン》」の情緒というものは、不幸な現実を否定し、そして抵抗していくことを示しています。その根底には、やはり「私の人生には、不幸な出来事はあってはいけない」という思いがあります。

それを追い払うために、一生懸命生き、勉強し、良い行いをする。そんな自分に不幸なことがあったら、これは自分のせいではなく、他人のせい。それこそが、韓国人の生き方そのものなのです。

この感情が、日本に対して恨み続けていく、という行為につながっていると言えます。今でも謝罪を要求する韓国人に対して、日本人は「なぜそんなに過去に対してよくよくとし続けるのか」と言うでしょう。

しかし韓国人からしてみれば、「それはおかしい」と思うわけです。「過去があるからこそ、現在と未来がある」と言うのです。それはまさに、韓国人の「恨《ハン》」の情緒からくるものなのです。

恨には個人のものだけではなく、世代を超えた恨があります。先祖が抱えた恨は子孫のものでもあり、子孫が解かねばなりません。

李朝では、先祖が受けた屈辱を子孫が晴らすことは、子孫にとっては最も大きな道徳的行為でした。19世紀末に朝鮮を訪れ、見聞記を残したフランス人宣教師は次のようにいっています。

「朝鮮では、父親の仇を討たなかったならば、父子関係が否認され、その子は私生児となり、姓を名乗る権利さえもなくなってしまう。このような不幸は、祖先崇拝だけで成り立っているこの国の宗教の根本を侵すことになる」（シャルル・ダレ著／金容権訳『朝鮮事情』東洋文庫・平凡社）

2021年4月に、文藝春秋より『韓国「反日民族主義」の奈落』を出版しました。ここには「恨《ハン》」についてかなり詳細に書いています。詳しくは同書をご覧いただければ幸いです。

日本人の性質は「もののあはれ」と「潔さ」

さて、これとは反対に、日本人の情緒の根本には「もののあはれ」があります。「もののあはれ」とは、今起きたことや不幸な出来事があっても、それを受け入れ、ありのままを認めようとする気持ちのことです。

「もののあはれ」を象徴するのが、日本で代表的な花である桜です。この花はパッと咲き、パッと散ってしまう。

あるとき日本人が「桜の花が大好き」と言っているのを聞いて、なぜ好きなのか尋ねてみました。すると、やはりこの「もののあはれ」なところが好きなのだ、と答えていました。すぐに散ってしまう儚さが魅力的というのです。私は1カ月でも2カ月でも咲き続けていてほしいと思っていたので、衝撃を受けました。

桜は、1週間、場合によっては1日で終わってしまうわけです。その1日、1週間のために、1年も楽しみに待ち続ける。それが日本人なのです。

このパッと散っていく桜の美しさを表すのに、ぴったりの日本語があります。それは、「潔い」と言う言葉です。

これは、まさに日本人の美意識を表しているといえるでしょう。「潔さ」とは、武士の象徴でもあります。

潔さは「思い切りのよいあきらめ」を生じさせます。これは単に日本人の気質の大きな特徴であるだけではなく、日本人の美意識の核心をも形づくる、とても重要な属性です。

未練がましい振る舞いは、日本人の美意識からすればとても醜いものです。未練なくさっぱりとしたあきらめの態度こそ美しいのです。

しかし韓国人にとって、この潔さこそ恐ろしく思えるものなのです。桜のような美しい花は、永遠に、長く咲き続けてほしいもの。それなのに、日本人はどうしてパッと散るところに魅力を感じるのだろうか、と思うのです。

日本人は不幸な出来事があったときに、「これは何かのせいだ」「誰かのせいだ」とは思いません。

日本人にしてみれば、何かのせいにすることは、みっともないことでしょう。しかし韓国人はそうではありません。むしろ、責任を他へ向けることで、自分は間違っていない人間だ、と思ったほうが生きる力が湧いてきます。

そのように自分を正当化していかなければいけない。私は正しく、清く生きてきた。だから私に不幸なことはないはず。それなのに、何かのせいで、誰かのせいで、こんな不幸なことになってしまった。

そう嘆くことで、自分の中から苦しみを追い払うことができるということなのです。

男女の別れ、諦めるか引きずるか

しかし日本人の場合はそうではありません。

「不幸なことがあったけど、仕方がない。誰のせいでもないよね。だから諦めよう」

「過去は水に流そう」

「辛いことがあったけれども、とにかく未来へ」

これが「もののあはれ」です。韓国人はこんな日本人を見て、「日本人はとても冷たい」「情が薄い」「水に流してしまう日本人が怖い」というイメージを抱いてしまうのです。

この「潔さ」についてもう少し深掘りをしてみましょう。

例えば男女関係で、付き合っている相手や好きになった人に別れを告げられたとします。このシチュエーションは、国など関係なく誰もが辛いでしょう。

しかし日本人は、すぐに諦めようとします。「仕方がない」「これ以上くよくよしても発展しない」「縁がなかった」と思い、パッと去っていくのです。

私の体験でいえば、日本人の「思い切りのよいあきらめ」に当面したのは、来日2~3年経って日本人とのつきあいがようやく深まりだしてからのことでした。しかも最初のうちは、それが「変わり身の早さ」とか「突然一転する心変わり」と感じられ、「なんと冷たい人たちなのか、情の薄い人たちなのか」と思い続けていたのです。

それが「思い切りのよいあきらめ――潔さ」というべきものと感じとれるようになったのは、さらに1~2年経ってからのことでした。

韓国人の場合は、「この人の前から去るべきだ」と思っていたとしても、情緒的にそうすることはできません。そのため「別れる」と言いながら喧嘩したとしても、再びまた連絡をしてしまうのです。

「いつか戻ってくるのではないか」と思いながら、電話をしてみる。そして5年、10年経っても「戻ってきてほしい」と思うのが、韓国人の一般的な反応なのです。

別に、どちらが悪いということではありません。日本人がみっともないと思っていることが、韓国にとっては良いことです。反対に、韓国人がみっともないと思っていることが、日本人にとっては良いことなのだ、ということです。つまるところ、美意識のあり方がまったく違うのです。

根底にある価値観の違いが理解できなければ、日本人と韓国人の間は分かちあえず、溝はまだ深いままだということです。

「不老長寿」が一番大切な韓国人

儒教の考え方や価値観では、「死なない」「不老長寿」こそが一番大切だとされています。長生きすることこそが、最高の徳目なのです。無病長寿に関するサプリメントが一番売れているのも、そのためです。

あるとき、日本の薬剤師からこんな話を聞きました。

アメリカで無病長寿のサプリメントを発表する機会があったときのことです。世界中から多くの専門家が集まり、この薬剤師の方も参加したそうでしたが、一番多かった国は、韓国だったそうです。それくらい、彼らにとって最も大切なのは元気で長生きすることなのです。

儒教は徹底した現世主義ですから、基本的に死後の世界が説かれることがありません。現世で最高の徳を得られるように努力することが人間たる者のあるべき姿であり、親から子へ孫へと努力を続けていき、この世でより高い徳を得て豊かになっていくことが、先祖への孝であり一族への孝となります。

だから人は、長生きするほどよいのです。早く亡くなれば、それだけこの世で努力を積むことができないからです。

不老長寿の漢方が朝鮮半島でとくに発達し、今なお韓国でも北朝鮮でも盛んなのは、そのように長寿を一族への「孝」とし「善」とする考え方が強くあるからです。

儒教の世界観に天国はありません。それは、とくに貧困な者にとって現世に救いがないことを意味します。現世に救いがあるとすれば、それは地上天国のイメージをもつところにしかありません。北朝鮮社会主義が目指したのも、金日成が「地上の楽園」といっていたように、地上天国の建設でした。

一生懸命勉強して、たくさん知識を得る。こうして努力して、徳を積むこと。それが聖人君子に近づくための道なのです。同時に、聖人君子を目指すことは、神にも近づいていくことを意味します。そしてたどりつくのは、最も苦の少ない世界です。

この地位にまでくれば、苦は最も少なくなります。一番辛いものは「死」であるため、息子がいることで永遠に生き残ることができる。

では、聖人君子ではない一般の人たちは、どのように生き残ればいいのでしょうか。それは、聖人君子にならなくとも、努力し、勉強し、いずれは息子を残すことです。それが、聖人君子に少しでも近づくためにもっとも最適な方法なのです。

韓国人が一生懸命勉強に励むのは、そのような理由からです。韓国が学歴社会である理由も、まさしくそれです。

「自分は被害者でありたい」と願う人々

だからこそ、こう思うのです。

こんなにも一生懸命生きているのだから、私の人生に不幸な出来事や苦しいことなど、起こるはずない。だからこの不幸は、自分のせいではない。誰かが私のことを苦しめているのだ。

私自身はとても善なる人間であり、そして一生懸命に生きている人だ。正しい生き方をしたのに、それでも今苦しんでいるということは、そこには悪魔のような加害者がいるに違いない。そう思っているのです。

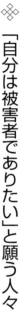

韓国では何事につけても、加害者は悪なる者であり、被害者は善なる者です。ですから、何かの対立があれば、多くの韓国人が被害者の位置に立ちたがります。だからこそ、朴槿恵元大統領は大統領就任直後の演説で、日韓関係について「加害者と被害者という歴史的立場は、千年の歴史が流れても変わりようがない」と発言したのです。

また「不幸競争」のようになるのも、「自分のほうがあなたよりもっと被害者＝善なる者だ」といいたいためなのです。

では、親や家族が亡くなってしまったらどうすればいいのでしょうか。

古くから中国や朝鮮半島には民間儒教の霊魂観にあるように、嘆きながら「なぜ逝ってしまったのですか。早く戻ってきてください」と、亡くなった父の霊を呼び戻し息子に憑依させます。そんな信仰の儀礼が活発に行われていたのです。

そして、死んでしまってもこの世に生き続ける。一族の霊は、息子から息子へとつながっていきます。こうして永遠に生き続けることが、韓国人にとって理想とする生き方であり、儒教の考えの根本にあるのです。

そのため韓国では、人が集まるとたちまち、自分の不幸なことを競争し合うようになります。誰かが「自分はどんなに辛い目に遭っているのか」という話をし出すと、今度は別の人が「私なんて、あなたよりももっと辛いよ」と言い返すのです。

そのため、もし誰かと対立してしまったとき、韓国人は自分が被害者だと主張をします。そうして、悪なる加害者を追い払おうとするのです。

反日感情は、このようにして生まれていきます。日本にはこんなにひどい目に遭わされた、と言い続ける。過去の不幸を訴えることによって、韓国人は共感し合います。そして結束が生まれやすくなっていくのです。

そのため、韓国の政治家は自らの支持率が下がってしまうと、よく反日カードを持ち出します。

なぜなら、「日本にはこんなにもひどいことをされた」と反日感情を主張することは、韓国人の「恨《ハン》」の情緒にぴったりと合い、支持が集まりやすくなるからです。

今でも愛される「恨《ハン》」の歌

韓国には、多くの人々に愛されている歌があります。それは「恨《ハン》」の民族歌である、「打令《タリョン》」というものです。

自分を嘆き、この人生を嘆く。自分はどれほど不幸な立場に置かれているのか、私の人生はなぜこんなに悲しいのか。そう言ってひたすら嘆く歌です。

打令のルーツは何かというと、朝鮮半島南部のムーダン（巫女＝女性シャーマン）がクッ（祭祀）の際に踊りながら演じる巫歌・祈禱歌です。それらの歌のなかの、支配権力者たちの理不尽な圧服に耐えていく庶民の悲憤・嘆きを表現したものが「打令」であり、自分の身の上を嘆く表現が「身世打令《シンセタリョン》」です。

その代表的な歌が、「恨《ハン》500年」という歌です。1980年代に国民的な歌手であるチョー・ヨンピルが歌い、大ヒットした歌です。今でも韓国人の中でたくさん歌われています。

この歌は、最初はこのような歌い出しで始まります。

「恨《ハン》多きこの世、薄情なあなた、情を残して身体だけ逝ってしまうなんて、涙がこぼれる」

そして、こう終わります。

「恨《ハン》多きこの世、冷たいこの世、情けなくてやり切れない」

最初から最後まで、嘆いているでしょう！

また、朝鮮民族には受難の歴史があります。これは、韓国人の誇りとしても機能しています。「我々は正しく善なる生き方をしてきた民族です」といたるところで話しては、そのたびに胸を熱くしているのです。

例えば韓国人は、このような言い方をよくします。

「わが民族は、絶え間なく他民族から侵略を受けてきたため、苦難の歴史を歩んできた。

しかしそれにもめげずに力を尽くしてきた。華麗ではないが、しっかりと花を咲かせ、しぶとく生き残ってきたのだ」。

こう話しているときに韓国人の頭に思い浮かぶのは、日本の存在です。不思議なことに、韓国は日本だけではなく、北方民族からも絶え間なく侵略に脅かされてきたはずなのです。しかし、なぜか北方民族のことは頭にはありません。思い浮かぶのは、日本だけです。

儒教には、「この世は楽園」という考え方があります。しかし、楽園であるはずのこの世が、他民族によって踏みにじられてしまった。しかし、我々の民族から害を与えることはしない。我々は善なる民族である。この考え方こそが、韓国人の大きな誇りなのです。

韓国の演歌はパンソリの伝統をひいていますが、元々はムーダンの巫歌に由来をもつものです。ムーダンがそうであるように、全身で自分の心の嘆きを表現するという、そうした伝統的な感情表現が、韓国特有のエネルギッシュな演歌を生み出していきました。

ムーダンの巫歌は中央文化から蔑視され続けましたが、「恨嘆」の文化ということでは、民衆の間に歌も踊りも生き続け発展を遂げてきたといえると思います。

韓国人は、ユダヤ人の境遇に自分を投影する

その意味で言うならば、韓国人はユダヤ人の存在を大変好みます。私は日本に来たばかりのころ、ユダヤ人が嫌いな日本人が多かったのには相当驚きました。おそらく韓国人の中で、ユダヤ人が嫌いな人は、ほとんどいないのではないでしょうか。

ユダヤ人には、受難に負けない民族意識の強さがあり。韓国人はそれを高く評価しています。ユダヤ人はかつて国を失い、人々が世界に分散されてしまう、という受難の歴史を歩いてきました。しかし花を咲かせ、ユダヤ民族としてあり続けたわけです。

〈韓国人とユダヤ人には、苦難の歴史を歩んできたという歴史的な共通性がある。ユダヤ人がそうであるように、苦難の歴史を歩んできた我が民族も、神から選ばれた特別の民（エリート）であり、最終的な救済を約束された民である〉

右のように説く韓国人牧師は多く、韓国がキリスト教を受容した理由の第一をそこに求める論者も少なくありません。

その苦難の歴史のユダヤ人との共通性を、韓国人はわが民族の歴史と重ねているので

す。そのため、韓国人が一番好きな民族はユダヤ民族なのです。

もう一つ、韓国人が好んでいるのはイエス・キリストです。韓国にクリスチャンが多い理由の一つがこれです。キリストはユダヤ教徒ではありません。ユダヤ教徒から迫害を受けたのです。

そのときにイエス・キリストの受難、つまりゴルゴダの丘の坂を十字架を背負って登っていくイエスの姿に、韓国人は胸を熱くします。

イスラエルを訪れる韓国人は極めて多いのです。韓国人観光客ならば必ず、エルサレムのゴルゴダの丘を歩くものです。

神の子であるイエス・キリストがそうであったように、我々は何の罪もない善なる民族であるにもかかわらず、なぜ迫害を受け続けなければならないのか。この精神があるからこそ、キリスト教に惹かれる韓国人が多いのです。

また、朝鮮民族、つまり韓国の民族は神から選ばれた民族だ、という救済が約束されているという誇りも強くもっています。これはユダヤ民族がそうなのです。

ユダヤ民族も、「このカナンの地はアブラハムの子孫に与える」という神からの約束を信じている。そのためユダヤ民族は、「我々は神から選ばれたのだ」という選民意識が最も強い民族なのです。

朝鮮民族も同じく、我々は救済が約束された民族だ、と言っています。ユダヤ民族の考え方や在り方に共感を覚えているからこそ、韓国人にはイスラエル民族、イエス・キリストに惹かれる人が多いのです。

その意味で、イスラエルという国1つを見ても、日本人のもつイスラエル人に対するイメージと、韓国人がもつイスラエル人へのイメージは、まるで違うのではないでしょうか。

そしてイエス・キリストを受け入れる韓国人と、一神教という考え方を多くが受け入れていない日本人の違いもここには表れています。

このように、日本と韓国には相容れない違いが多くあります。しかも、何度も述べているように、これらの違いをお互いに理解できていません。

最悪の日韓関係を立て直すには、まずはこれらの相違を知ることから始めるべきではないかと思います。

●著者略歴
呉 善花（オ ソンファ）
韓国・済州島生まれ。1983年に来日、大東文化大学（英語学専攻）の留学生となる。その後、東京外国語大学大学院修士課程修了（北米地域研究）を経て、現在は拓殖大学国際学部教授。評論家としても活躍中。1998年に日本国籍取得済み。
主な著書に、『攘夷の韓国・開国の日本』（文藝春秋、第5回山本七平賞受賞）、『スカートの風』（三交社・角川文庫）、『韓国を蝕む儒教の怨念』（小学館新書）、『韓国「反日民族主義」の奈落』（文春新書）、『日本にしかない「商いの心」の謎を解く』（PHP新書）など多数。
2021年から、「呉善花チャンネル」を開設。「恨は生きる力」「狙った女性は逃さない」などを配信中！

反目する日本人と韓国人

2021年12月1日　　第1刷発行

著　者　呉　善花
発行者　唐津　隆
発行所　株式会社ビジネス社
〒162-0805　東京都新宿区矢来町114番地
神楽坂高橋ビル5階
電話　03(5227)1602　FAX 03(5227)1603
http://www.business-sha.co.jp

カバー印刷・本文印刷・製本/半七写真印刷工業株式会社
〈カバーデザイン〉大谷昌稔
〈本文DTP〉有限会社メディアネット
〈編集担当〉中澤直樹　〈営業担当〉山口健志

ISBN978-4-8284-2346-3